芸人沼から抜けられない。

とにかくお笑いが好きすぎて。

児島気奈（K-PRO代表）

ポプラ社

【はじめに】

この本は、私が代表を務める「お笑いライブの企画・制作・運営会社であるK－PRO」が設立20周年を迎えるに当たり、心を込めて書き下ろしたものです。

お笑いファンの方なら、「K－PRO」の名前や存在をご存じかもしれませんね。そんなあなたには、まず、「知っていただいてありがとうございます！」と、お礼を申し上げます。もう一度、言わせていただきます。

本当にありがとうございます！

その一方、「K－PRO？　なにそれ？」と感じた方も、かなりいらっしゃると思います。それも当然です。だって、今や年間のライブ本数が1300本を突破したとはいえ、そもそもK－PROという会社は、「お笑い業界の裏方」としての仕事をしているのですから。

私自身も、テレビのお笑い・バラエティー番組を「観る専門」だった頃は、お笑い業界の裏方のことなんてほとんど目に入ってこないし、想像することもありませんでした。

ただ、**この本を通じて、お笑いにまつわる〝ちょっとだけディープな話〟に触れていただくと、きっとこれまで以上にお笑いを楽しんでいただけると思います。**

「へぇー、こんなにもお笑いを好きな人がいるんだね」
「お笑いの舞台の裏では、こんなことが起きてるんだ」
「お笑い業界って順調なイメージがあったけど、意外と紆余曲折があるんだなぁ」
「あの人気芸人さん、テレビではわからない一面があるんだね」

などなど、ちょっとでもお笑いを好きな方なら、興味を持っていただけるはずの話を凝縮させています。

こうした話を1冊の本にしようと思った理由は、主に2つあります。

1つめは、つい先ほどお話ししたように、私のやっているK－PROが、多くの芸人さんたち、周りのスタッフや家族、そしてお笑いファンの皆様のおかげで、2024年に20周年を迎えられたこと。

誕生から20年――人間でいえば、成人になれたようなものです（法律改正で日本の成人年齢が18歳になったことはわかっていますので、ここではそうしたツッコミはナシでお願いします！）。

そんなタイミングだからこそ、「今話すべきこと」「これまで話したかったこと」「なかなか言えなかった感謝の思い」などをまとめておきたいと考えたんです。

2つめの理由は、**「お笑い業界をもっと盛り上げていきたい！」**と考えたこと。

これはもう、ずっと前から考え続けていることではあるのですが、〝20歳になったK－PRO〟の代表として、「微力ながらできることはどんどんやっていこう」という思いをいっそう強くして、「今回は本という形」でしっかり実現したつもりです。

以降の内容は、私の「お笑い愛」の覚醒～熟成、特にお世話になった芸人さんたちとのエピソードなどから成り立っています。

読者の皆さんからしてみれば、前記した私の思いなどを意識されなくても、純粋に楽しんでいただけるラインナップになっていると自負しています。

皆さんが読み終えたときに、「私、やっぱりお笑いが好きなんだよね」「俺、もっとお笑いが好きになった！」と感じていただけたなら、本書の著者として、そしてお笑い業界に携わる者として、これほど幸せなことはありません。

それでは早速ページをめくり、〝お笑い100％の時間〟をお楽しみください！

2024年3月　児島気奈

芸人沼から抜けられない。――もくじ

［第2章］K-PRO始動・お笑い愛〝熟成期〟

［第3章］K-PROレジェンド芸人への感謝【愛・情熱・刺激】編

【第4章】K-PROレジェンド芸人への感謝【ほっこり・気づき・喜び】編

【児島気奈・K－PRO略年表】

1982年［2月］	児島気奈、東京都大田区で生まれる。以降、父親を中心にお笑い好きの家庭で育つ。
1994年～	中学生時代、テレビの人気お笑い番組『ボキャブラ天国』をきっかけにして、若手芸人のお笑いに沼る。芸人出演のあらゆるテレビ・ラジオの番組を録画・録音・編集しまくり、関連商品やグッズなども多数収集。お笑い情報をとにかく集め続ける日々を送る。
1999年［5月］	高校3年生のとき、友人から誘われてお笑いライブに行き、お手伝いをする。そこでの〝ある出来事〟によって、以降もお手伝いを継続する決意を固め、お笑いライブにどっぷりハマった生活が始まる。
2002年頃	児島気奈のお手伝いと併行して行っていた芸人活動を終え、裏方の仕事に専念する。

2003年【5月】	K-PROライブの前身に相当する『K-プロレス』というお笑いライブを始める。
2004年【5月】	新宿Fu-で、K-PRO旗揚げ公演のライブ『行列の先頭1』を開催。
【7月】	『トッパレvol.1』スタート。
【8月】	2回目のプロをよんだ『コント!コント!コンテスト!』というライブで大失敗。
【10月】	『行列の先頭2』で、元フォークダンスDE成子坂の村田渚さんがMC出演。
2006年～	東京のお笑いライブシーンでの〝従来からの常識〟を続々と打破。
2008年【1月】	『行列の先頭10』を、キャパ294人の「北沢タウンホール」で開催。内容も大幅にグレードアップさせ、『行列の先頭』が初めて黒字になる。
2010年【7月】	K-PROライブの楽屋から、事務所の枠を越えたユニット「FKD48」が誕生。翌年の公演が大盛況。
2011年【3月】	東日本大震災後の約2週間、すべてのライブを中止。収入がなくなり、多額の負債を抱えるも、「お笑いライブ界でのK-PROの立ち位置」を認識し、自信を持てるようにもなる。

2014年〜	K-PRO設立10周年。 「赤坂BLITZ」「東京グローブ座」「なかのZERO大ホール」など、キャパ600〜1000人超の会場で『行列の先頭』を次々と開催。
2014年[7月]	児島気奈、テレビ番組に初出演（『竹山ロックンロール』／テレビ埼玉など）。 K-PROの存在も、テレビで初めて大きく取り上げられる。
2015年〜	年間ライブ本数が500本を突破。
2016年〜	K-PROの前の屋号「株式会社アールドライブ」を設立。
2018年〜	所属芸人を取り芸能プロダクションとしての活動も開始。
2019年〜	年間ライブ本数が1000本を突破。
2019年[12月]	児島気奈、テレビの密着ドキュメンタリー番組『セブンルール』（関西テレビ・フジテレビ系）に取り上げられる。

2020年［2月］	新型コロナウイルスの拡大により、すべてのライブを中止。売り上げ約4000万円が消え、赤字は1000万円超に。一方、オンラインでの無観客ライブやトークの生配信をスタートさせる。
2020年［6月］	有観客での劇場ライブを123日ぶりに再開。
2021年［4月］	K－PROの劇場「西新宿ナルゲキ」をオープン。
2022年［4月］	人気テレビバラエティー番組『アメトーーク！』（テレビ朝日系）で、「ココで育ちました　K－PROライブ芸人」が特集される。
2023年〜	年間ライブ本数が1300本を突破。
2024年［5月］	K－PRO設立20周年。

［第1章］

K-PRO前夜

お笑い愛“覚醒期”

「家族全員がお笑い好き」の家で育った長女

まず1つ、告白をしておきます。

自分から言うのは少し変かもしれませんが、**私の「お笑い好きのマニア度」は、かなりのものだと思います。**

テレビやラジオの番組、雑誌記事などで「K-PRO代表の児島気奈」をご存じの方や、これまでお世話になってきた芸人さん・お笑い業界の人たちともなれば、「そんなの知ってるよ！」とツッコミを入れたくなるでしょうが（笑）。

とにかく、私の「お笑い愛」は身近な人たちからは認められているようで、**複数の芸人さんたちやメディアからは、「お笑いと結婚した女」と呼ばれたこともあるぐらい。**自分では、お笑いと結婚したつもりはないし、本当の結婚を諦めたわけでもないんですけどね（笑）。

でも、お笑い愛がかなり深いことは間違いのない事実で、それは子どもの頃からはっきりと自覚していました。

子どもの頃のことって、意外とよく覚えているものです。大きな喜びや楽しみを感じていたことなら、鮮明に記憶が残っていたりします。

私がよく覚えていることといえば……。

そう、やっぱりお笑いに関することばかりなんです。

1982年2月、私は東京都大田区で生まれました。両親と妹2人のほかに、父方の祖父母、父の弟の家族とも同居していて、「家族全員がお笑い好き」という家庭で育ちました。

家の中で、特にお笑い好きだったのは父親です。

夕食のときには、父が率先してテレビのバラエティー番組にチャンネルを合わせ、萩本欽一さん、上岡龍太郎さん、シティボーイズさんなどが出演していた番組を毎日観ていました。

しかも父は、それより以前の番組を大量に録画していて、「気奈、昔の欽ちゃん（萩本欽一さん）のおもしろいやつもいっぱいあるぞ〜」と、丁寧にラベルを貼って整理していたビデオをよく観せてくれたものでした。

今考えると、私は幼稚園生ぐらいの頃から、父から〝お笑いの英才教育〟を受けていたのかもしれません。

その影響もあって、志村けんさんや加藤茶さん、とんねるずさん、ダウンタウンさん、ウッチャンナンチャンさんなどの冠バラエティー番組も自発的に観るようになり、小学生になったあたりからは「自分好みのバラエティー番組」を録画するようになっていました。

そして、そのビデオを夕食時に皆に観てもらい、**「自分好みのお笑いを皆に観せて笑ってもらうこと」は、当時の私にとって本当に幸せなことになっていたんです。**

その理由は、2つあります。

1つは、自分の好きなお笑いが受け入れられ、家族全員が笑ってくれること。

もう1つは、「私が録ったビデオで母親が笑い、その様子を見て父親が喜ぶ」という時間を作れたことです。

お笑い好きの家庭に育った3姉妹。右端が著者

実をいうと、当時の母は毎日、ほぼ寝たきりに近い状態の祖父母の介護をしていました。そのうえで日常的な家事もこなしていたのですから、母の苦労と大変さは、小学校低学年の私でもひしひしと感じられるほど。

その母が、私の好きなお笑いで満面の笑みになってくれると、「あっ、今、お母さんが笑っ

てくれた!」と、子ども心にとてもうれしかったことをよく覚えているんです。

父は、私のそうした気持ちをじゅうぶんに察してくれていました。

表情を見ていると、「テレビ画面越しのお笑いシーンで笑っているのか」、または「私の気持ちを汲んで笑みをこぼしているのか」が、すぐにわかりましたから。

私は、こうした家族に囲まれながら、お笑いにどんどんハマっていったんです。

お笑い人生の初スベりは中学入学式の日の自己紹介

前項でお話ししたように、小学生の私に父がよく観せてくれたのは、萩本欽一さんや上岡龍太郎さん、シティボーイズさんなど、〝子どもにしては渋め〟のベテラン芸人さんたちでした。

しかし、**中学生になった私は、「若手芸人のお笑い」に夢中になっていきました。そのきっかけはズバリ、あの「ボキャブラブーム」です。**

とてつもないお笑いブームを巻き起こした『ボキャブラ天国』のシリーズ（フジテレビ系）、ご存じですか？

ごく簡単にご説明しておくと、『ボキャブラ天国』は1992年からスタートし、当初は視聴者投稿のダジャレ作品がメインだったんです。

それが途中から、若手芸人中心の番組にシフトした（視聴者投稿作品が廃止された）ことで、ボキャブラブームにつながったんですよね。

番組の中で大活躍していた当時の若手芸人さんといえば、爆笑問題さん、ネプチューンさん、海砂利水魚（現くりぃむしちゅー）さん、BOOMERさん、金谷ヒデユキさん、つぶやきシローさんなどなど……。

当時中学生の私からすると、「私服を着た身近なお兄さん世代の芸人さんたち」が、とにかくおもしろい言葉・姿を連発していたことで、大きな衝撃を受けたんです。

今の言葉でいうと、**私が「若手お笑いに沼った」のは、間違いなくボキャブラのおかげです。**

ただ、ボキャブラブームのことを思い出すと、それにまつわる〝私にとっての人生初スベリ事件〟もいっしょに頭に浮かぶんですよね。

それは、小学生のときからお笑いにどんどんハマり、中学生になった証の入学式直後に起こってしまったこと。クラスの全員が集合し、1人ずつ自己紹介をしていったときの出来事です。

「私の名前は児島気奈です。好きなものは、お笑いです！　なので、つぶやきシローさんのモノマネをします！」

そう言って全力でモノマネをしたものの、とんでもない大スベリ。

クラスメイトも先生も石のように固まり、まるで「シーン」という言葉が目に見えるような感覚になり……。**私のお笑い人生での初スベリは、それはそれは盛大なものでした（笑）。**

今考えれば、そこで大スベリしたのは当たり前なんですよね。

全員が初対面の場で、しかも非常にかしこまった入学式の直後。

もっというと、その入学式の日は、『ボキャブラ天国』という番組自体は放送されていたものの、たしか若手芸人のネタコーナーが始まったばかりの頃とかで、ボキャブラブーム が起こる前」というタイミングでもあったんです。

ただ、私はすでにお笑いにハマっていましたから、自己紹介に「大好きなお笑いの要素」「みんなもお笑い好きだよね?」を入れるのがベストと考えて実行したわけです。その結果、ウケなかったんだと思います。

ちなみに、そのときのモノマネのクオリティーは、そこそこだったはずです。自分では、そう信じています(笑)。

とはいえ、何十年も前にしたモノマネです。

ということで、この本を読んだ芸人さんやファンの方々、お笑い業界関係者の皆様も含めて、どうかどうか今の私にモノマネの無茶ぶりだけはしないようにお願いします!

「女の子でお笑い好きって、気持ち悪いね」

実は、〝中学入学の日の大スベリ事件〟には、まだまだ先の話があります。
私のモノマネでクラス中がシーンとなった直後、ある女の子のクラスメイトから、こう言われたんです。

「女子でお笑い好きって、気持ち悪いね」

今の感覚では信じられないでしょうが、面と向かってそう言われたことは、まぎれもない事実です。
このとき、１９９４年。**「お笑いが大好き」と言っている中学生の女の子はかなり珍しく、おかげで「変わってる子➡気持ち悪い子」と考える人もいた**ということでしょう。

でも、当時中学生になりたての私は、そこまで冷静に考えられませんでした。

「私以外の女子はお笑いを好きじゃない」という現実をいきなり突きつけられて、とにかくビックリ。

と同時に、「お笑いが好きなのは恥ずかしいことなの？」という気持ちや、「中学入学初日にものすごいダメ出しを食らった」という挫折感までわいてきて……。

結果、私はすぐに、〝すごく気の強い感じの決意〟を固めていました。

「あっ、女子のみんなはお笑いを好きじゃないんだ。まぁ、別にいいけどね。いいよいいよ、私はお笑いが大好きだから」

ひと言でいうと、「そういう女子は突っぱねて離れればいい」と考えて、その決意に沿った行動をするようになったわけです。

なので、女子の友だちはかなり少なくて、休み時間や放課後には、1人で行動するか、お笑い好きの男子といっしょにいることが多かったですね。

1人でいるときに、女子から「こっちおいでよ」と声をかけられたことも何度かありました。でも、私は、「いやいや、いいよ、1人でいいから」みたいな言葉を返してしまう女の子でした。

というわけで、クラスの女子のヒエラルキーの中での立ち位置は、ずっと一匹狼のままだったと思います（笑）。

ただし、幸いなことに、いじめられたことなど一回もなかったし、お笑い好き男子とはバラエティー番組の話でかなり盛り上がったりもしていたので、その点では恵まれていたと感じています。

お笑い体質から出てくる言動が進化！

そんな中学生時代の日々を送る中で、私の「お笑い愛」はどんどん高まっていきました。

すでにお話ししたように、テレビ番組『ボキャブラ天国』の内容が若手芸人中心の構成になり、小学生時代には観られなかった深夜のバラエティー番組もチェックし始めたことで、お笑いというジャンルの中でも「若手芸人のお笑い」にどっぷりハマっていったんです。

そして**気づけば、〝お笑い的な行動〟をよくするようになっていました。**

もともと、小学生のときから、軽いイタズラのようなことは学校でよくしていました。例えば、学校に早めに行って、教室の全部の机の上に葉っぱを置いておくんです。すると、1時間目の授業の前に先生が教室へ入ってくるなり、クラスメイトたちは「先生！みんなの机の上に変な葉っぱが置いてありました！」と、いっせいに口にするんですよね。そんな光景を見ながら、「それ、実は私がやったんだよ」と、心の中で楽しんでいました。

それが**中学生になると、私自身が完全なお笑い体質になっていったためか、ちょっとネタっぽい要素を絡めるようになっていきました。**

こちらも例を挙げると、同じように学校へ早めに行き、校舎全体の窓から見える土の校庭いっぱいに「大きな文字」をひとつ書いておくんです。

あまりにサイズが大きいから、みんなが歩いているときには文字に気づきません。でも、教室に入って窓から外を見ると、否が応でも「大きな文字」に気づきます。

その文字は、大きく書いておいた「犬」という漢字なんです。

となると、**「えっ、あの大きな文字って、『大』って書いてある？　いや、『犬』って書いてるのかよっ」と、私が期待したとおりの反応とツッコミをしてく**

れる子が必ずいます。

また、大きめのドングリを拾ってきて、そこに彫刻刀で「クリ（栗）」と彫っておき、教室内で必ず誰かが気づく場所に置いておいたこともあります。

このときも、**「えっ、クリ？　いやいや、ドングリじゃん！」と言ってくれているのを楽しんでいました。**

そんなふうに、**お笑いでいうと「フリ」のようなことをしておいて、「気づいた人がどう返してくるかな」「どんなツッコミをしてくれるかな」ということを、楽しみにしながら学校に通う毎日**でした。

繰り返しになりますが、中学生時代の私は、女子のヒエラルキーの中では一匹狼で、学校ではお笑いが好きな何人かの男子＝「おもしろいと思えるものが共通している人」とほぼいっしょにいました。

でも、みんなとの交流を完全に断っていたわけではなく、今お話ししたようなアプローチをしていて、ちゃんと接点はあったんです。

表現するのが少し難しいのですが、「大勢で集まって今風の遊びをワイワイする」というよりは、「絶妙な接点がありつつ距離を少し置いてみんなを見る」ようなタイプだったんだと思います。

だから、「人気者になりたい」「友だちからほめられたい」という気持ちは皆無だったけど、**「自分がおもしろいと思うことだけは、主役にならない程度の立ち位置を見極めながらやっていく」ような子でした。**

そう考えると、やはり「表方よりも裏方」に向いているのかもしれません。

全お笑い番組を録画視聴した〝超アナログな努力〟

好きなことにハマっていくと、「もっと知りたい！」という欲求が出てきたりしますよね。

私の場合も、**お笑い愛が高まっていくにつれて、「あの芸人さんはなぜお笑いを始めたのか？　目標はどんな芸人になることなんだろう？」などなど、**

「お笑いについてもっと知りたいこと」が次々と溢れてきました。

とはいえ、私の中学生時代では、インターネットやSNSで情報収集をすることなんてできません。スマートフォンも携帯電話もなかった頃の話です。

だから、お笑いについてのほとんどの情報は、テレビ・ラジオ・新聞・雑誌から手に入れていました。

お笑い系の雑誌は毎号購入し、新聞も一般紙からスポーツ紙までくまなくチェック。たった5行ぐらいでも、スポーツ紙の芸能欄に好きな芸人さんの記事があれば、切り抜いて丁寧に保存していました。

テレビやラジオも、今では考えられないほどアナログな手法で録画・録音しまくって、さまざまなネタやトーク、活動情報など、お笑いに関する情報をとにかく集めまくっていました。

その点で、私は家族に感謝しなければいけません。

なぜなら、我が家には全部屋にビデオデッキがあり、合計5台のフル稼働を許してくれていたからです。

また、ラジカセも3台あり、普段は祖母が愛用していたものも含めて、私のお笑い情報収集のためなら存分に使わせてもらっていました。

別に自慢するわけでもないのですが、**当時の在京キー局で放送されていたテレビバラエティー番組はほぼ100%録画**していました。

自分でやりたいからしていたことなのですが、これがまた本当に大変で……。

まだ、Gコード予約機能（懐かしいですね）がなかったときのことなので、

●登校の直前、テレビ各局に合わせた5台のVHSビデオの録画ボタンを押す

⬇

●リアルタイムで観られないテレビ番組すべてを3倍で録画

⬇

●帰宅後、すべての録画を早送りで観て、芸人さんが一瞬でも映ったシーンはすべてVHSテープからハイエイトテープに編集&ダビングして保存する

ということを繰り返していたんです。

これ、例えば30分のバラエティー番組なら、そのまま取っておけばいいですよね。ただ、私の場合は、お気に入りの芸人さんたちの「朝の情報番組でのレポーターとしての様子」や「お昼のドラマで出演したほんのワンシーンの演技」すら見逃さず、保存するようにしていたから苦労していたんです。

帰宅が遅くなりそうな日は、「お母さん！　○時になったら、あの部屋のビデオテープを換えておいて」というお願いまでしていました。

芸人さんが出演するラジオ番組も、すべてをリアルタイムでは聴けません。でも、やはり聞き逃したくはないので、特に**芸人さんの出演が多い深夜帯に目覚まし時計をかけておき、「一度起きてラジカセのボタンを押して録音（またはテープを裏返して録音継続）➡後で改めて聴く」という生活**を送っていました。

さすがに深夜では、母にお願いすることなんてできませんから（笑）。

時代もあって、こうしたアナログな努力をめちゃくちゃしていました。

テレビ番組を編集したＶＨＳやハイエイトのテープは、今も残っていま

す。正確には数えていませんが、少なくとも600本はあるはずです。

そのテープの中の「あのシーンを観たい！」と思うことがときどきあるのですが、残念なことに今は再生機が手元になく……。お笑いファンのどなたか、テープを再生できる機械を譲っていただけませんか？（笑）

全国50人の「お笑い文通相手」から情報収集

そういえば、お笑いの情報をより多く入手するため、全国のお笑いファンと協力もし合っていました。

前項でお話ししたような**自力の努力を頑張っても、「どうしても得られないお笑い情報」を得るために活用したのが、全国のお笑いファンたちとの文通**でした。

当時は、個人の告知・情報交換希望などの広告メインで成り立っている雑誌があったり、普通の雑誌でも後ろのほうに文通相手募集欄があったりして、そこには住所や名前が当たり前に書いてありました。

こうして、関東圏以外のお笑い関連情報を得るために、文通をフル活用したわけです。

例えば、全国放送されているテレビ番組や、私の住んでいた関東で買えるお笑い雑誌の中に、気になっている若手芸人のインタビューがあったとします。そして、そのインタビューの中で、「○月○日の△△新聞の関西版にも僕たちの記事が載っています」と、芸人さんが言っていたとします。

こうなると、東京で暮らす中学生の私が、その記事を入手するのは困難です。

そんなときは、関西圏にいるお笑いファンにお願いして、記事を送ってもらうんです。

そんなぐあいに、新聞・雑誌の切り抜きや付録、テレビの録画ビデオ、ラジオの録音テープ、イベントのグッズなどのお笑い関連のモノを、手紙＋手間代に相当する切手（録画・録音作業やビデオ・テープ代の相当料金ぶん）とともに交換し合っていました。

最も多いときには、全国のお笑いファン50人ぐらいとやり取りをしていたと思います。

私の場合は、本当に細かいモノでも欲しくなっちゃうんですよね。

気になっている芸人さんなら、地方CMに数秒映っているだけでも、その録画ビデオが欲しい。地方企業のチラシにわずか数㎝の大きさでも写真が載っていれば、それをなんとか手に入れたい。あるイベント限定で配られたカードも手元に持っていたい――。

そうした〝お笑い欲〟のままに集めていたら、そもそも自力で収集する数が多いところに追い討ちがかかり、最終的にはものすごい量に！

その「宝物のお笑いコレクション」はずっと大切に保管していて、大人になってから何回か、後のK-PROの仲間になる友人に見せたことがあります。その友人も、もちろん大のお笑いファン、一般的にはお笑いマニアと呼ばれそうな人なのですが、「こんなモノまで集めてたの!?」と若干引いていました（笑）。

でも、**私としては、集めたぶんだけ、自分の好きな芸人さんたちを少しでも深く知れた気がして、とにかくうれしかったん**ですよね。

「お笑いライブのお手伝いに行ってみない？」

ここまでお話ししたような「私のお笑い愛」に変化が起こったのは、高校3年生になりたてのときでした。

それまでは、主に家の中でお笑いにどっぷり浸かっていたわけですが、先述した文通仲間のお笑いファンのある女の子から、こう言われたんです。

「お笑いのライブが中野(東京都)**であるから、お手伝いに行ってみない？」**

この言葉をきっかけに、**私は家の外にある〝お笑いの現場であるライブ〟の世界に足を踏み入れた**わけです。

とはいっても、このときは、軽い気持ちで誘いに乗っていました。

それまでの私はライブに行ったことがなく、芸人さんを直接目にしたのはビデオなどの発売イベントのときぐらい。しかも、本当に遠くから、「あー、なんとかネプチューンさんを見れたかな」ぐらいの体験しかしていませんでした。

だから、「お笑いライブがどういうものか」すらわかっていないうえ、その「お手伝い」の内容も「簡単な受付など」ぐらいしか知らされなかったのですが、「近くでネプチューンさんや爆笑問題さんを観られるかも」ぐらいの気持ちで誘いに乗ったんです。


ところが、実際にお手伝いに行ってみると、想像とは違うことの連続！

チラシの折り込み、お客様の整列誘導、チケットのもぎりなどを担当しました。


しかし、**想像といちばん違っていたことといえば、知っている芸人さんが一人もいなかったこと。**

そのライブは、いわゆるインディーズライブ・自主制作ライブのようなもので、寄席のような雰囲気もあるものだったので、ネプチューンさんや爆笑問題さんはおろか、大のお笑いファンを自任していた私でも、誰一人として知っている芸人さんのいない現場でした。

おかげで、お手伝いはなんとかこなしたものの、テンションはダダ下がり。

いざ始まったライブをちょっとのぞいてみると、舞台上でしゃべっている先輩らしき人のネタを、出番前・出番後の全員で袖から見守っているのですが、とにかく全然ウケていない……。

ここで私は、**「来なければよかった」とまで感じていました。**

そして、空になっている楽屋のいちばん奥のほうで、ふてくされながらドカッと座り、ライブが終わるのをただただ待っていたんです。

「なぜ〝知らない芸人〟に怒られなきゃいけないの？」

すると突然、一人の落語家さんらしき芸人さんが楽屋に戻ってきて、私のほうに近づいてきました。

「おい。お前、見たことない顔だけど、今日から来たスタッフか？」

私はとりあえず、小声で「はい」とだけ返事――。

すると次の瞬間、その芸人さんの声のトーンが明らかに変わって、矢継ぎ早にこう言われました。

「そんないちばん下っ端の人間が、なんでサボってんだよ！」
「お前、舞台のルールも知らないで、靴を履いたまま楽屋に入って、しかも上座で座ってるなんて、なにをやってるんだ！」
最後には灰皿を床に投げつけながら、「ふざけんじゃねえよ！」と。

こんな状況に追い込まれたら、ビビってすぐに謝る人が大半だと思います。

でも、当時の私からは「すみません」という言葉がとっさに出ず、それどころか、「舞台のルールなんて知らないし。しかも、あなたのことも知らないし」と、気の強い考えが出てきてしまって……。

それで結局、「私はなぜ、この知らない芸人に怒られなきゃいけないんだろう」と、悔しくなってしまったんです。

ただ、少し間を置くと、怒られたことによる悔しい気持ちは、ポジティブに変化していました。

つまり、**「それなら次は、芸人さんから『いてくれてありがとう』と言われるようなスタッフになろう」**と考えられたんです。

今思えば、気の強い面がプラスに作用したのだと思います。

そうして、そのライブが終わった直後、主催の人に駆け寄っていって、「次はいつですか？　次のライブも来るので、手伝わせてください」とお願いし、そのライブに出演していた人たちにも「次はどこのライブに出るんですか？　いつですか？　付いて行ってもいいですか？」と話しかけました。

こうして、お笑いライブに積極的に出向き、お手伝いを続けていくようになったんです。

当初は、東京都内で定期的に若手お笑い芸人のライブをしていた各劇場を回り、飛び込みで「お手伝いさせてください！」とお願いしていた感じでした。

今ではちょっと難しい手法かもしれませんが、当時はそんなことも許される時代で、けっこう受け入れてくれました。

するとそのうち、**いつもいるようなスタッフさんや芸人さん、お客さんたちとも顔見知りになり、「今日もいるね」「ここにもいるのかいっ！」などと言われつつ、お手伝いをしながら「お笑いライブの輪」の中に入っていったんです。**

ちなみに、「お手伝いの幅」も広がっていきました。

これは、「ライブ会場での仕事の内容」が増えたという意味ではありません。いくら頻繁に顔を出していても、高校3年生の私は、まだまだ〝お手伝い初心者〟。ライブの主催者がキャパオーバーの仕事量を振ったり、責任の重い仕事を任せたりするわけがありません。

では、どういうことかというと、仲よくなった芸人さんたちから「○月○日には△△公園でネタ合わせをする」と聞かされたら、「絶対にジャマはしないので付いていっていいですか？」とお願いして、「芸人さんにとって『使える人間』になるためのなにか」を見つけようとしていたんです。

お笑いライブにどっぷりハマった高校3年生

こうして、**高校3年生の1年間、学校終わりの時間はほぼお笑いライブに費やしていました。**

お笑いライブのお手伝いの仕事の内容は、初めの頃は掃除、チラシの折り込み、お客様の整列誘導などでしたが、慣れてくると舞台袖や音響照明などもやらせてもらえるようになっていきました。

と同時に、スタッフさんや芸人さんと少しずつ打ち解けていく日々は、楽しくてしかたありませんでした。

「お笑いのすべてを学ばせてもらっている感じ」
「身近なお兄さんやお姉さんができた感じ」
「学校・アルバイト・お笑いライブ・打ち上げまで参加して忙しい感じ」
「ネタを作る段階・練習などの場にもいることでいっしょに苦労している感じ」

これらの気持ちが入り交じって、**確かに裏方の人間ではあるのですが、〝芸人さんの気持ちを味わえた〟ような感覚、〝芸人さんといっしょに苦労してライブを作っている感覚〟を共有していることで、大きな充実感に満たされていたん**です。

また、テレビのバラエティー番組を観ているだけではわからない芸人さんの姿も、とても刺激的でした。

「バトル形式のライブで後輩芸人と戦って負けるのは、そんなに悔しいんだ」

「あれほどのボケのキャラクターなのに、舞台袖ではこんなに緊張してるんだ」

「本番の出来やネタをめぐって、コンビ間で本当に『マジのケンカ』があるんだ」

と、それまでの私が知らなかった「プロの世界」「男のプライド」のようなものを幾度となく目にして、勉強させてもらいました。

3年生の終わりの頃には、かなり仲よくしてくださったスタッフさんの家に泊まって、翌朝そこから高校に行ったこともあったぐらいなんです。

劇場に泊まり込んでまでしていたことは……

ライブの準備に手間取ったり、芸人さん・スタッフさんとネタについて話し込んだりして、ついつい終電を逃したときは、そのまま劇場に泊まったこともありました。

いちばんよく泊まっていたのは、**当時渋谷にあった「シアターD」というお笑いライブ専門劇場で、たいていは金曜日。**これには、若手お笑い業界の事情が関係しています。

当時、『爆笑オンエアバトル（通称：オンバト）』（NHK総合）というお笑い番組が、かなり人気を集めていました。

若手芸人がネタを披露して観客の審査を受け、得点上位の5組だけがオンエアの権利を勝ち取れるという、今でも伝説になっているテレビ番組です。

その収録が毎週土曜・日曜にNHK放送センターで行われていたため、前日に当たる金曜日の夜〜深夜まで、オンバトに出る若手芸人さんたちが

シアターDでネタの練習を繰り返していました。それを、私も含め、スタッフさんたちは皆、ジャマをしないように終わるのを待っていたんです。

しかも、ネタの練習が終わった後も、「明日のオンバトは○○な展開になりそう」「新ネタにこんな設定はどうかな？」などの話が始まったり、しまいにはなぜかスタッフさんも交じって大喜利大会が始まったりして（笑）。

だから、終電を逃すことなんて珍しくなかったんです。

こう書くと、いかにも〝夜の街に繰り出している悪い子〟のように思われるかもしれませんが、最近問題になっている歌舞伎町界隈でのニュースのような「悪いこと」は、誓っていっさいしていません。

「お笑いライブの現場・劇場にずっといて、お笑いの話ばかりしているうちに、あっという間に時間が過ぎちゃう」というだけの話です。

念のためにお伝えしておくと、高校はきちんと3年で卒業していますし、指定校推薦をもらって大学に進学もしています（結局は中退しましたが）。

なので、お笑いライブのための早退で「出席日数」はギリギリでも、成績はけっこうよかったんです。

逆にいうと、一般受験よりも早めに大学を決められたから、高校3年生の1～3月という最終盤で、劇場に泊まれるほどお笑いライブに熱中できたということでもあるのです。

家族からも、〝お許し〟を得ていました。

お笑いライブのお手伝いが忙しくなった頃、父と交わした会話を今でもよく覚えています。

「気奈、最近急に外へ出るようになって、帰りも遅くなってきたけど、なにをしてるんだ？」

「実は、お笑いライブのお手伝いをするようになったんだ」

「そうか。どんどん外に出ろ。お笑いライブの手伝いをしているということは、よくわかったから」

父からしてみれば、家の中でテレビのお笑い番組の鑑賞・録画・編集ばかりしている私をずっと見ていたので、私が好きなことを通じて外へ出るようになったり、社会経験を積めるようになったりしたことで、理解をしてくれたのだと思います。

そして、この父と私の会話を家族全員が知っていましたから、お笑いライブについてとやかく言われることなどまったくなく、私の自由な行動を許してくれていました。

このときに、もしも父から〝お笑いライブNG〟と宣告されていたら……。おそらく、今の私は存在していません。

私の中の「気の強い面」が出てきて反抗し、お笑いライブに通い続けることもできたでしょうが、それでは変な〝しこり〟が残ってしまうでしょう。

そう考えると、私の〝お笑い愛の成長〟を遮らず、むしろ、「今日もライブの手伝いで帰りは遅いのか？　頑張ってこいよ」などと応援し続けてくれたことは、本当にありがたいと思っています。

そして、もっと言えば、「あのときの父と家族の理解」が「今のK-PRO20周年」にもつながっているのですから、みんなにもとても感謝しているんです。

実は私、芸人として舞台にも上がってました

私は、高校3年生の1999年から2002年頃まで、芸人として舞台の上にも立っていました。

メディアで何回かお話ししたことがあるので、ご存じの方もいらっしゃるかもしれませんね。

きっかけは、38ページでお話しした、お笑いライブのお手伝いを誘ってくれた文通仲間の女の子。このときも、ライブのお手伝いをいっしょにしていたときに突然、「実は、自分でも漫才をしてみたいんだけど……。コンビ組まない？」と言われたんです。

それは薄々わかっていたし、私自身にも興味があったので、とりあえず始めることにしました。

つまり、**基本的には裏方のスタッフを頑張りつつ、たまに舞台にも立っていた**ということです（出役もいけるということで、ライブのメインMCの横でアシスタントもするようになっていきました）。

初舞台ではマシンガンズさんといっしょで、その後もハマカーンさん、かもめんたるさん、キャン×キャンさんらと同じライブに出たりもしていました。

芸人としてのプロフィールをごく簡単にご紹介すると、高校時代はその女の子とのコンビ、大学入学後は男の子が加入してトリオになり、ネタは私が全部書いていました。

コンビ時代にやっていた漫才は、私が一人でずっと日常の不平不満や「あるある」をしゃべっているところに、相方の女の子が「天然ボケ風に間違ったツッコミを入れていく」という形。

芸人時代の著者

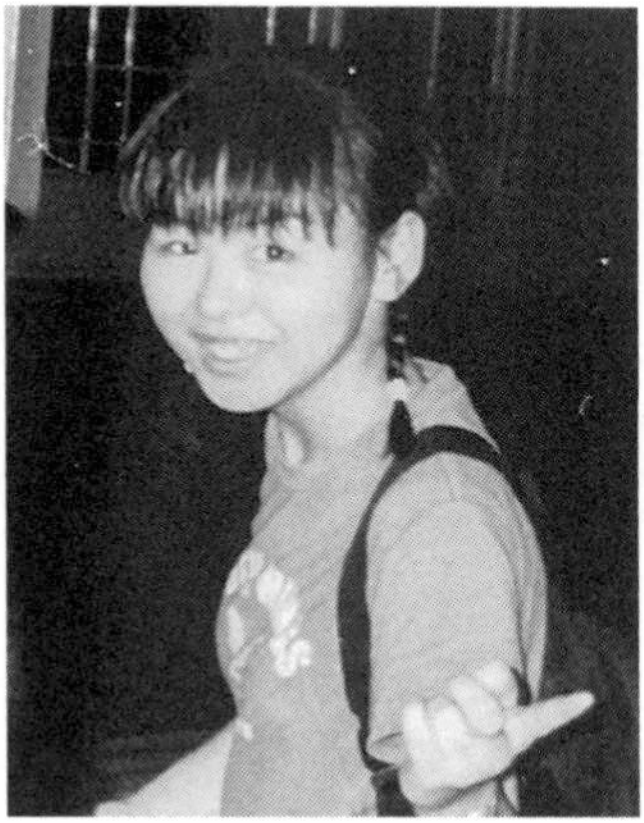

トリオ時代は、3人でしゃべっている中で「私がボケる➡女の子が間違ったツッコミをする➡それに対して男の子も間違ったツッコミをする➡最後に私が大きくツッコむ」という漫才をやっていました。

20年以上前のトリオ漫才としては、今思えば新しいシステムだったと思います。ただ、根本的な話力・演技力・芸人力などが不足していました。

現在ほどではありませんが、当時から私たちと同じく高校生・大学生のセミプロ芸人さんたちはいて、「これで同い年なんだ」と実力差を痛感したことをよく覚えています。

力のない芸人なのですから、やはりウケません。

にもかかわらず、考えることといえば、「なんでスべったんだろう」「もっとウケていいはず」「ということは、今日はお客さんが悪かったんだ」と言い訳ばかり。当時は、本気でそう思っていました。

今でも、同じような言い訳や愚痴を、楽屋でしゃべっている若手芸人はいます。そんな**芸人さんたちに対し、言い訳したくなる「芸人側の気持ち」を汲み取りながら、一方でライブ主催者として「根本的な力をつける必要性も説くような場面」では、あのときの経験が役立っている**と思います。

あれっ⁉ 予定していた以上に、芸人時代の話をしてしまいました。

ここまで明かしたのは初めてなので、20年以上前のこととはいっても、ちょっと恥ずかしいですね（笑）。

〝常に頭にもう一人の芸人さんがいる感じ〟ってわかります？

この章の最後に、私の頭の中にある「芸人さんの考え方」について、少し触れておきたいと思います。

私の場合、すべての芸人さんの存在を、公平・平等・横並びの状態で観ています。「有名な人／無名の人」などの〝分け方〟があることは当然理解していますが、「存在としてはみんないっしょ」と考えているんです。

これは、学生時代から現在まで、変わったことのない考えです。

おかげで、K-PROの代表という立場になってからは、ときどき困ってしまうことがあります。

例えば、雑誌やテレビ関係の人たちから、「こういう企画をやりたい。なので、企画に最適な芸人さんを、優先順位をつけて教えてほしい」といったケース。

そうした場面では、それこそ有名な人から無名な人まで、**ありとあらゆる芸人さ**

んたちの顔がスロットマシンのように脳内でグルグルと回ってしまって、なかなか決められないんです。

そもそも普段から、「あの芸人さんは元気にしてるかな」「この芸人さんと会ったらこんな話をしよう」みたいなことをずっと考えている状態なので、K-PRO内で次の大きなスペシャルライブの話をしているときでも、思わず学生芸人の子の話をしてしまうことすらあります。

すると当然、「今はその話をしてるときじゃないでしょ!」とスタッフから怒られるわけですが(苦笑)。

表現としてはあまりよくないかもしれないのですが、**〝常に頭にもう一人の芸人さんがいる感じ〟**というか、**〝常に芸人酔いをしている〟**というか、**〝お笑いが好きすぎるゆえの副作用が頻繁に現れる〟**というか……そんな状態なんです。

こうした私の頭の中を知っていただいたうえで、「お笑い愛」がいっそう熟成していく過程をまとめた第2章を読み進めてくだされば、とても楽しんでいただけると思います。

[第2章]

K-PRO始動

お笑い愛
“熟成期”

後のK-PROでの相棒・松本との出会い

前章でお話しした「お笑いライブのお手伝い」をするために、私は本当に多くの劇場を回っていて、単発開催のライブはもちろん、同じライブタイトルで定期的に行われる多数のライブも掛け持ちでお手伝いしていました。

そして、**定期開催のお笑いライブの1つに出演していた若手芸人の中に、最終的にはK-PROをともに立ち上げて今も相棒になっている松本剛がいました。**

彼の私に対する印象は、「この子はどこの劇場に行っても見かけるけど、いったい何者なんだろう?」だったみたいです(笑)。

それはそうですよね。

渋谷・新宿・浅草などなど、私は東京都内のどこかしらの劇場にほぼ毎日いましたから。

本当のことをいうと、彼の芸人としての初舞台となるイベントのスタッフの中に私はいたのですが、そのときの印象はほぼなく、その後の「どこにでもいる子」の記憶のほうが強く残っているようです。

でも、よく顔を合わせていたからこそ、会話を交わすようになり、その会話から学ぶこともたくさんあり、お互いを認め合って仲よくなれたのだと思います。

そんな私たちに転機が訪れたのは、2003年。

始まりは、呵生《かせい》さんというお笑いライブの先輩主催者の方が、「来月のライブの中の2時間の枠で企画をやってみない？」と、松本に話をしてくれたことでした。

そして松本が、私と、もう一人の女性スタッフに、「その企画をいっしょにやろう」と声をかけてくれて、「お笑いライブを作る側」の第一歩を踏み出しました。

しかも、**それが大成功したんです！**

以降、2004年までの約1年間は、「3人で企画したお笑いイベント」と「さらにもう一人のお笑いライブ主催者の人と4人で企画したお笑いライブ」の2種類を、1〜2カ月に一回ぐらいのペースで続けていきました。ゲストで、『R-1ぐらんぷり（現R-1グランプリ』の王者になった直後の、だいたひかるさんにも出ていただきました。

ちなみに、その2003年のうちに、松本は芸人を辞めて、お笑いライブを作る側に専念。

私のほうは、実は前年の2002年に、芸人のほうの活動は終えていました。

その経緯を簡単にお話しすると、初のライブお手伝いに誘ってくれて、漫才の相方でもあった女の子が、「やっぱりお笑いは、やるよりも観てるほうが楽しい」という〝名言〟を残してまず脱退。

その後、男の子と2人で続けたのですが、その男の子も2001年、「アメリカでスタンダップコメディをやる」と言い残して脱退。

そこから約1年間は、すでに出演が決まっていたライブをキャンセルするわけにいかず、ピン芸人として舞台に上がったり、MCアシスタントをやらせてもらったりして、2002年が最後の舞台になったというわけです。

ですから**私は、先述した2003年から、「完全にお笑いライブを作る側の人間になった」**ということなんです。

K-PROの「K」は「児島のK」ではありません

先に、結論を言っておきます。

K-PROの「K」は、「児島（KOJIMA）の頭文字の『K』」を表しているのではありません。

また、K-PROの「PRO」も、「プロダクション（PRODUCTION）の『PRO』」を省略しているわけではありません。

この事実、お笑いファンの方にも意外と知られていないと思うので、〝真相〟をお伝えしようと思います。


まずは、K-PROの「K」について。

この「K」は、57ページでお話しした、お笑いライブの先輩主催者である呵生（KASEI）さんの頭文字です。


次に、K-PROの「PRO」について。

この「PRO」は、実は「プロレス（PRO WRESTLING）のプロ（PRO）」からきています。

あっ、これだけではさっぱり意味がわかりませんよね（笑）。

では、順を追ってご説明します。

K-PROの相棒・松本は、昔からお笑いだけでなく、プロレスも大好きでした。それで一時期、〝お笑いとプロレスの融合〟を狙っていたんです。

とはいっても、プロレスの動きをパロディ化したり、プロレスラーのモノマネをしたりするお笑いではありません。

●ライブのネタバトルの前に、プロレスっぽいマイクパフォーマンスを取り入れる

●そのバトルでは、ネタを観たお客さんに勝敗を判定してもらい、優勝者の腰にはチャンピオンベルトが巻かれる

●そのチャンピオンベルトが、次のネタバトルの優勝者に引き継がれる

●客席の一番前に先輩芸人を座ってもらって、マイクでプロレス実況さながらに「おっと、後輩の◯◯が焦ってますすね」のような実況をする

といった感じで、「プロレスをオマージュしたライブシステム」での融合をやっていたんです。

その企画の名称に、先ほどからお名前が出ている呵生さんのお名前を使わせていただいて、最初は「KASEIプロレス」、略して「K-プロレス」としていました。

ただ、自分たちでライブをすることが増えていくにつれ、**「次のK-PROどうする？ K-PROの打ち合わせいつやる？」**と呼ぶようになりました。

そこで、「K-プロレス」から「レス」を取って、**2004年からは〝普通の名前〟の「K-PRO」**になったんです。

そして、名前を「K-PRO」にした後、最初に劇場を借りる際の申し込み用紙の代表者の欄に私の名前を書いたことで、**「K-PRO代表の児島気奈」**になったということなんです。

2004年5月18日の「K-PRO初ライブ」

K-PROとして初主催した記念すべき第1回のお笑いライブは、「新宿Fu-」で2004年5月18日に開催しました。

それこそが、**今もK-PROの看板ライブである『行列の先頭』の第1回のライブ**で、三拍子さん、ブラックパイナーSOSさんなどに出演していただきました。

K-PROの自分たちだけで会場を借り、企画・制作・運営のすべてを行う初めてのライブですから、「とにかくお客さんでいっぱいにしよう」と気合いが入りましたね。

スタッフそれぞれが、知り合いに声をかけまくるのは当たり前。

ライブ自体を賞金つきのバトル形式という〝派手め〟の構成にして、出演の決まった芸人さんたちにも直接、「いっぱい告知してください!」とお願いしました。

インターネット関係では、K-PROのホームページを作って宣伝したり、お笑い関連の掲示板に書き込んだりもしていました。そういえば、〝SNSの先駆け〟ともいえる「m ixi」（懐かしい！）の中でも、このライブの情報をどんどん出していました。

ただ、手応えがいちばんあったのは、いちばんアナログな宣伝方法のチラシ。というのも、ライブ当日には何回も、お客様から「チラシを見て来ました」と声をかけられたんです。

そうした**努力のかいあって、K-PRO初ライブは大成功を収めました！**

客席はすべて埋まり、立ち見の方もいらっしゃるほどで、会場の雰囲気やウケぐあいは最高。

今は防災上の観点からできないことなのですが、キャパ70人のところに100人以上のお客様が入っていましたから、自分たちとしては大満足の初ライブを開催できたんです。

「知名度のある芸人さん」「人気のある芸人さん」

その次の『コント！コント！コント！コンテスト』という名をつけたライブは、2カ月半後の8月に決まっていました。本来なら、いいスタートダッシュを切れたからこそ、第2回目のライブも成功させられるように準備を怠らずにしなければいけません。

ところが……。

20年前の私たちK－PROは、それをしていませんでした。

ひと言でいうと、**あまりにもうまくいった初回ライブの余韻に浸り続けてしまったん**です。

「第2回目のライブの打ち合わせ」が目的で集まったのに、話すことはすべて初回ライブのことばかり。

「あの演出はよかったよね」

「あのときの○○さんのツッコミは抜群だったよね」

「△△さんと□□さんの掛け合いも最高だったでしょ」

「もう本当に楽しすぎたね」

などの話を繰り返し語っているうち、気づいたら次のライブまで半月を切っていたんです。

そこで、チケット予約がどれぐらいあるのか調べてみると、10枚だけ。

その数字を見て「ヤバい！」と思えばよかったのですが、ここでも初回ライブの話を持ち出してきて、真逆の「だいじょうぶだろう」という考えに陥ってしまいました。

というのも、初回ライブの半月前の時点でも、チケット予約は10枚ほどしかなく、それでも当日は満員御礼になっていたから。

そのため、**「今回も同じように、当日になればいっぱいになる」と考えてしまったんです。**

しかし現実は、いつまでたっても「10席」のまま……。そのまま数日前になり、さすがにマズいということで知り合いに声をかけ続け、最終的にやっと20～30人のお客様に来てもらった感じでした。

会場は、第1回目のライブと同じ「新宿Fu-」で、70人のキャパがあるところですからガラガラです。

この**責任は、改めて言うまでもなく、私をはじめとしたK-PRO**にあります。

初回ライブには、ご祝儀的な意味合いや、「どんなものなんだろう？」という興味から、けっこうな人数のお客様に来ていただけます。

ただし、そこで**「おもしろい」「次も行きたい」と心の底から思っていただけないと、2回目は絶対来てくれない**と痛感しました。

事実、声をかけた知り合いや友だちについては、**「初回ライブのときはあんなに来てくれたのに、なぜ2回目の今回は来てくれないの？」**という状況でしたから。

また、この時点では、**「知名度のある芸人さん」と「人気のある芸人さん」の違いすらよくわかっていませんでした。**

知名度のある芸人さんとは、現在、または過去に、主に全国放送のテレビバラエティー番組などで活躍していて、一般的な感覚としては〝日本中の誰もが知っている〟と思われる芸人さん。

その芸人さんが「よく知られた存在」であることは確かな事実なのですが、そうした芸人さんの誰もが「人気まで伴った芸人さん」であるとは限らないのです。

その点が如実に現れるのが、お笑いライブの現場です。

つまり、いくら「知名度のある芸人さん」がライブに出ても、お客様がそれほど集まらないケースもあるということ。

逆に、たとえ全国的には知られていなくても、「このライブに出ます」と告知した瞬間、それまでは売れていなかったチケットが急に伸び始めるという「人気のある芸人さん」もいるということです。

第2回目のライブでは、この点を私たちK-PROが理解していなかった影響もあったと思います。

さらに、**正直にいうと、芸人さんへの甘えもありました。**

初回ライブの際には、出演芸人さんたちに直接、告知のお願いをしていました。ところが2回目のときには、本当に勝手な思い込みなのですが、「同じように告知してくれるだろう」「それを見聞きしたお客様が当日には来てくれるだろう」と想像してしまったんです。

こうした**第2回目のライブの経験は、K-PRO内では「2回目のジンクス」と呼びながら、全スタッフが肝に銘じています。**

ですから、さまざまな新しいライブ形式を打ち出すたびに、「初回でどんなに成功したとしても、絶対に2回目で気を抜いちゃダメ」と必ず思う次第です。

「どんなに小さな舞台でも一生懸命やりますよ」

話を、第2回目のライブの当日に戻します。

お客様が全然入っていない状況を確認した私は、開演前に出番を待つ芸人さんたちに、「すみません、今日はお客様が少なくて……」と謝罪をして回りました。

そのときに、初めて出演していただいたエネルギーさんから、こんなことを言われたんです。

「俺たちはどんなに小さな舞台でも、一生懸命やるからだいじょうぶですよ」

これが、エネルギーさんの優しさから、励ましの意味を込めてかけていただいたことはすぐにわかりました。

でも、**「小さな舞台」という言葉に私はものすごく自分が情けない気持ちでいっぱいになったん**です。

いざライブが始まってからも、私の心の中はずっとザワついていました。

「芸人さんにとって恥ずかしい舞台に立たせてしまっている」

「こんなライブをしていてはダメだ」

そんなことを舞台袖でずっと考えていました。

そして、ライブ後にすぐ開いた反省会で、**「これからは絶対に芸人さんに恥をかかせるような舞台を作らない」**とスタッフ全員で固く誓い、その後も折に触れて反省と決意を繰り返していきました。

自分たちとしては、このとき以降で芸人さんに恥をかかせるような舞台は作っていないと自負しています。

あのひとことを言っていただいたエネルギーさんには、本当に素直な気持ちから感謝しています。

もし、あの言葉をかけてもらえていなかったら、おそらくは「お笑いライブってこんなもんなんだろうな」という気持ちをズルズル引きずって、第2回目のライブの惨状についても「そんなことぐらいあるよね」で済ませていたかもしれないのですから。

以降は、当然のことですが、芸人さんたちに喜んでもらえる「いい舞台作り」に邁進しました。

〝金言〟をいただいたエネルギーさんには、その舞台がきちんとできる確信を持った段階で出演していただき、「違いにビックリしてもらおう」という目標を立てて。

その目標が達成されたのは、第2回目のライブから約1年後、2005年8月のライブ『行列の先頭4』でした。

リサーチでわかった「お笑いライブについての発見」

第2回目のライブの反省、そこから固めた決意をもとに、私たちK-PROは第3回目のライブを設定しました。

開催時期は、約2カ月先の2004年10月。劇場は、これまでと同じく「新宿Fu-」です。

そして、**「もう絶対に失敗しない」「必ず満員にしないと」という思いから、それまでにしていなかった「新しい行動」を始めました。**

具体的にいうと、相棒の松本といろいろなお笑いライブを観に行き、ライブ主催者の目線できちんとチェックしたこと・感じたことを、以降のライブに生かそうと考えたんです。


お恥ずかしい限りですが、お笑いライブについての本格的なリサーチをしたのは、このときが初めてでした。

でも、そのリサーチのおかげで、いくつもの貴重な発見がありました。

なかでも、**当時のK－PROにとって「クリアすべきこと」と思われたのが、以下の2点**です。

❶ライブをおもしろくするための「観せ方」
さまざまなライブはそれぞれに、構成や演出が異なります。そして、お客様がいっぱい

入っているライブでは、その点が非常によく考えられています。

そうして、主催者目線で各種のライブを観ていくうちに、「このライブは、あのパートとこのパートがパッケージになっていて、その組み合わせがおもしろいからお客さんが集まっているのか」

「こういう企画の方向性なら、1組の芸人だけで作っても〝笑いの広がり〟はないけれど、ああやって1組・2組とどんどん追加して絡ませれば、めちゃくちゃおもしろくなるんだ」

など、お客様に喜んでもらうための勉強ができました。

❷自分たちのライブの〝悪い癖〟

私は高校生のときから、お笑いライブのお手伝いを毎日のようにしてきて、一時は芸人としての活動もしていました。ということで、「お笑い業界歴」は、この2004年時点で5年を超え、仲のいい芸人さん・昔からよく知っている芸人さんは本当にたくさんいました。

ですから、K-PROを立ち上げる前からずっと、そうした芸人さんたちの中から「出たい」と言ってくれる人たちを優先的にライブに呼んでいました。

もちろん、各芸人さんはそれぞれにおもしろいし、「出たい」と言ってくれることはありがたいのですが、「情の入りすぎたライブ出演芸人の決め方」「友だちのように仲のいい芸人さんばかりに頼ったライブ」をしていたと気づかされたんです。

それに気づいたときはかなり焦り、**「友だちのような芸人さんばかりをこのまま呼び続けていたら、K-PROは終わるかも……」**と考えたぐらいでした。

「訳のわからないところにウチの芸人は貸せません」

2カ月先の第3回ライブに向けて、とにかく私は突っ走りました。

66ページでお話ししたように、とりあえずは「知名度のある芸人さん」と「人気のある芸人さん」の違いはわかっていたので、**「K-PROのライブに来てくださるお客様に人気がありそう」「きっと出演が望まれているはず」と考えた芸人さんたちには、片っ端からオファーの連絡をしていました。**

その中には、それまでまったく接点がなかったのに、超が付くほど売れっ子の芸人さんたちもいました。

でも……、おわかりの方もいらっしゃいますよね。

これは、業界のルールを無視したやり方でした。

主催ライブを始めたばかり、大手事務所から認めてもらえるような要素がまったくないような状態で、各芸人さんの所属事務所に対してとても失礼なことをしていたんです。

そもそも、K-PROの存在を知っている大手事務所の方なんて、ごくごく一部だったと思います。

そんなこともあって、「そんな訳のわからないところにウチの芸人は貸せない」と、何度も言われました。

ただ、とにかく粘り強く交渉し続けた結果、**オファーを受け入れてくださる事務所や芸人さんもいました。流れ星（現流れ星☆）さん、Over Driveさん、ホーム・チームさん**などです。

皆さん、オンバトで活躍されていた芸人さんたちで、K-PROのお客様にも必ず喜んでいただけるような人たちでした。

また、**当初は出演を断られたのに、後になってOKが出た芸人さんもいま**

した。

元フォークダンスDE成子坂の村田渚さんです。

最初にオファーをしたときは、所属事務所の方から出演を断られていました。ところが、後にご本人から聞いたところでは、(村田)渚さんご自身が事務所に行った際、私が出演依頼したファックスの紙がデスク上に置かれているのを見つけ、「出る出る!」と言ってくれたというのです。

そして、ライブ本番では、MCを務めてくださいました。

村田渚さんのお名前は、以降に何度か登場します。それほど、**渚さんの出演は、「その後のK-PROのライブ」にとって非常に大きな意味があり、忘れられない出会い**だったのです。

もちろん、この第3回目のライブまでの期間のK-PROスタッフは、第2回のライブと同じ轍を踏まないよう、運営や告知などのあらゆる面で、綿密な計画を立てた準備を進めました。

今振り返ると、このときのライブ＝『行列の先頭2』が、K－PROとしては「完全なるプロフェッショナルなライブ」を実現できたときだと思います。

だからこそ、**満員のお客様の中でライブを終えることができた**のです。

「友達に頼り続けるのはダメ」から生まれた新ライブ

K－PROとしての第3回目のライブ準備と併行して、別の新しい企画の立ち上げも進めていました。

こちらでは特に、71～73ページでお話しした「当時のK－PROにとってクリアすべき2点」を重視したことで、成功に導くことができました。

開催したライブについての「業界内の評価」って、けっこう時間を置いてから届くことがよくあります。

この頃も、大盛況だった第1回目のライブの噂が、若手芸人さんたちを中心に広まり続けていました。すると、それまでは出演オファーを一度もしたことがない**若手芸人さ**

んたちのほうから、「僕たちもK-PROライブに出させてください！」という声がどんどん集まってきました。

そうした状況と、「当時のK-PROにとってクリアすべき2点」を掛け合わせて生まれたのが、**まさに「K-PROらしい新しい企画」のお笑いライブ**だったんです。

そのライブの名称は、『**トッパレ**』。

当時のK-PROとしては、第1回ライブで行った『行列の先頭』を〝メインのライブ〟と位置づけ、この『トッパレ』を〝サブのライブ〟として誕生させました。

そして、『トッパレ』の企画の方向性は、「バトルライブにすることで、そこを勝ち抜いた芸人は〝メインのライブ〟＝『行列の先頭』に出る道が開ける」としました。

こうすると、**当時のK-PROの状況をすべて生かすことができた**んです。

まず、昔から友だちのように仲のよかった芸人さんたちには、「次のライブからはしばらく出れなくなります」のような〝突然の冷たい仕打ち〟をしなくて済み、「新しい『トッパレ』というライブでぜひ勝ち抜いてください」とお願いできます。

また、第1回目のライブ（『行列の先頭1』）の大盛況を聞きつけ、これまでお付き合いがなくても「K-PROのライブに出させてください！」と言ってくれた若手芸人さんたちも、同じ『トッパレ』の舞台に出てもらえます。

さらに、お客様には、こんなメリットもあります。

◉〝メインのライブ〟である『行列の先頭』と〝サブのライブ〟である『トッパレ』がわかりやすくリンクしていて、ストーリー性まで生まれる

◉「〝よく観るような〟中堅以上の芸人さんたち」と「〝目新しい感じのする〟若手芸人さんたち」の、かなり真剣なお笑いバトルを楽しめる

つまり、K-PROのライブでいっそう喜んでいただくための「観せ方」が可能になるということです。

おかげさまで『トッパレ』は、大盛り上がりするライブになり、さまざまなバリエーションもありながら現在まで続く人気ライブになっています。

〝新参者〟に立ちはだかったオファー&出演の「壁」

ここで、K-PROを立ち上げた2004年前後の「東京のお笑いライブ事情」にちょっと触れておきます。

関西から進出された吉本興業さんでは、「渋谷公園通り劇場」「銀座7丁目劇場」が閉鎖され、2001年に「ルミネtheよしもと」が開館していました。そこで、若手芸人さんから人気どころの芸人さんまで、舞台に立つことができます。

また、東京を拠点とする芸人さんの所属事務所が主催する若手お笑いライブも、プロダクション人力舎さんの『バカ爆走！』をはじめとして、当時から開催されていました。コント赤信号の渡辺正行さんの『ラ・ママ新人コント大会』、高田文夫さんによる『我らの高田〝笑〟学校』、渋谷の「シアターD」など劇場主催の定期ライブも開催されていました。

とはいえ、これらのライブにまだ出られない若手がかなりいたのは事実。そうした**若手芸人さんたちにとって、立ち上げたばかりのK-PROは「それらライ**

ブに出演する前段階としてお客様の前でネタを披露できるところ」という位置を狙っていきました。

さらに、事務所の垣根を超えてさまざまな芸人さんたちに出てもらっていたので、**「お笑い界の〝横のつながり〟を作るならK−PROのライブ」**という印象は、かなり早くから若手芸人さんたちに持ってもらえたと思います。

一方で、第3回目のライブで苦戦したときのような「こちらからいくらオファーをしても出演にたどり着かない」という壁を打ち破るには、少し時間がかかりました。

先ほど、「そんな訳のわからないところにウチの芸人は貸せない」と言われた経験を明かしましたが、業界の〝新参者〟だったK−PROの私は、ほかにもこんなことを言われていました。

「女の子がライブ主催するって、なぜ？　何がしたいの？」
「好きな男芸人と近づきたいから、ライブでもやるのか？」
「芸人を使って金儲けをしたいのか？」

もしかしたら私、ただの不審者みたいな存在だったのかもしれません（笑）。

まぁ、その気持ちもわからないでもありません。私は有名芸能人でも放送作家でもありませんし、K-PRO自体も立ち上げて間もない時期でしたから……。

でも、絶対にあきらめるわけにはいきません。

では、〝何度か出演依頼をしても断られ続ける〟というオファー&出演の「壁」を、いったいどうやって乗り越えてきたのか――。

その点を、次にお話ししていこうと思います。

「壁」を打ち破った「出演芸人一覧表」

何度も出演オファーをかけても各事務所から断られ、その際に「訳のわからないところにウチの芸人は貸せない」と言われるなら、まずは信用を得なければいけません。

そのために私は、芸人さんのライブ・舞台での「場数」を増やすことの大切さ、そして、その場数を増やす意味でのK-PROの存在意義を地道にお伝えしました。

と同時に、一度〝お試し〟のような感じで出演してくださった芸人さんが、事務所に戻りマネジャーさんに「K－PROライブは満員だった。盛り上がってた。また出たい」と口コミで広めてくださっていました。

ただ、「これは『壁』をひとつ乗り越えられたぞ！」といちばん実感できたのは、第3回ライブでMCとして出演してくださった村田渚さんの存在でした。

実は、さまざまなオファーをかけていく中で、出演依頼の書類に加え、**「過去のK－PROライブに出演した芸人一覧表」**も先方の事務所へ送るようにし始めていました。

すると、その芸人一覧表の中に「村田渚」という名前を見つけて、こう言ってくれる担当者の方が何人も現れたんです。

「あっ、フォークダンスDE成子坂の渚さんが出ていたんですか。だったら、ウチの○○も出演させますよ」

つまり、お笑い業界で人気・知名度・才能、そしてカリスマ性を広く知られた（村田）

渚さんが出ていたことが、各事務所にとっては〝一種の物差し〟のようになり、**所属の中から「出せる芸人」の具体的な名前をやっと先方から言ってもらえるようになった**んです。

そうした経緯で、〝メインの立ち位置のライブ〟である『行列の先頭3』では**バカリズムさん、続く『行列の先頭4』ではBOOMERさんやシャカさんが出演**してくださったんです。

東京のお笑いライブでの〝出演料の常識〟を変えた！

さらに、「またひとつ『壁』を乗り越えた！」と感じられたのは、2006年のこと。

こちらは、**東京のお笑いライブシーンでの〝それまでの常識〟を打ち破る**ことを仕掛けました。

シンプルにいうと、出演料の相場を変えたんです。

当時の東京のお笑いライブは、「ライブ=ネタを試す場なので、出演料

は交通費ぶんぐらいを渡せばOK」という状況で行われていました。

他の劇場主催のお笑いライブでは、関西の芸人さんを呼ぶところもあったのですが、それもやはり交通費だけを出すか、または〝オンバトなどテレビ出演で上京したタイミングに合えば出演してもらう〟ぐらいのライブばかりでした。

K-PROも、立ち上げから約2年間は、そうした〝業界の慣例〟に従っていました。でも、**「やっぱりどう考えてもおかしい」**と、改めて思ったんです。

例に出して恐縮ですが、前項でお話ししたバカリズムさんが出演してくださったら何十人というお客様を呼んでくれる一方、お客様を1人しか呼べないような若手もいるという状況で、ほぼ同じ出演料だなんておかしいですよね。

K-PROに縁のあるプロレスになぞらえると、前座とメインイベンターとが同じ出演料なんてあり得ない話です。

そこで2006年、前々からずっと出演してもらいたかった芸人さんたち3組に、今度は出演料を上げてオファーしてみました。

それぞれに所属事務所は違うのですが、その中の1つの事務所からは以前、「営業だとウチの○○は20万円なら出しますよ」とまで言われていました。

ただ、K-PROのライブは営業とはちょっと違うと思うし、20万円を出すこともできない……。

考えたあげく、その後、5万円で出演オファーをしてみたんです。それでも、当時でいえば、**従来からの"業界の慣例"の約10倍の出演料**にはなっています。

すると、その事務所の方が初めて真剣に話を聞いてくれたんです。

そして、本来オファーしていた2007年1月のライブこそスケジュールNGだったものの、次の5月のライブには出演してくださいました。

さらに、「ずっと出演してもらいたかった芸人さん」の他の2組も、同じように出演料を上げた交渉をすることで、同じライブに出てくださいました。

そのライブが、2006年5月19日に開催した『行列の先頭5』で、**ずっとかなわなかった共演が一斉に実現した**舞台になったのです。

このライブは、**東京の芸人さんたちの間で、「こんなにすごい人たちがなぜ**

K-PROの転換期となったライブ

2006/5/19【FRI】
in 新宿 Fu-
世代を超えたトップクラスの芸人が一同に介す、
K-PRO スペシャルライブ『行列の先頭』。
5回目の今回も人気・実力兼ね備えた精鋭達が多数出演します！
行列の先頭 5
Top Of The Parade
open18:30 / open19:00
ticket 前売 1800yen/ 当日 2000yen
スペシャルゲスト
ホーム・チーム 東京ダイナマイト
シークレット MCあり！！
出演
三拍子 流れ星 ダーリンハニー ザブングル
ななめ45° 快児 コンマニセンチ 5GAP
有刺鉄線 サワー沢口 ドラハッパー
...and more
ご予約絶賛受付中！ E-Mail info@kpro-web.com
http://mayaweb.jp/kpro/
お笑いライブ・イベント制作
K-PRO

いっぺんに集まるんだろう？」と、かなり噂になりました。今でも、「あのときの『行列の先頭』のチラシを見て驚いたことはよく覚えてるよ」と、声をかけてくださる芸人さんもいるぐらいです。

ただ、正直に言うと、〝業界の慣例〟を破って出演料を上げたことで、K-PROとしては「毎回のライブが赤字」になってしまいました。

そんな状況が2007年まで続いたのですが、なんとかなったのは、当時は私を含めたK-PRO立ち上げメンバーの3人が全員実家暮らしで、空き時間はみっちりアルバイトをしていたから。K-PROのお笑いライブのために、この時点でもまだ外でアルバイトをしていたというのが、本当のところです。

食べられるようになったのは「体験学習」のおかげ!?

でも、20代後半から30代に向かって行く中、「お客さんや芸人さんたちが喜んでくれる」というだけでライブを続けることはできません。

いつまでもK-PROスタッフが自腹を切っていては、自分たちがまともに食べていけないし、K-PROの存在自体も危うくなってしまいます。

そこで始めたのが、イベント営業の仕事。お祭りや町おこしイベントの制作を任され、フリーの芸人さんなどを呼んで盛り上げるという仕事です。

結婚式の2次会の司会、ビンゴ大会のMCなどに、芸人さんを派遣する仕事もけっこうしていました。その日付にどうしても芸人さんを連れて行けないときは、私が司会をしたことも数知れず(笑)。

ともに、東京だけに限らず、全国各地を飛び回っていました。

ただし、「移動で新幹線や飛行機を使うと交通費がかかりすぎる」という理由から、当初の移動はK-PROの松本が運転する自家用車。日帰り往復で合計1000㎞を超えることも珍しくありませんでした。

一度、かもめんたるの槙尾（ユウスケ）さんと、東京から山口県まで車で日帰り営業に行ったことがあります。あのときは、とてつもない遠さと疲れに、地獄を味わったような感じでした（笑）。

同じ頃、知り合いのつてで旅行代理店を紹介され、タッグを組んで**「お笑い体験学習」というイベント営業も始めました。**

これは、簡単にいうと、「芋掘り体験のお笑い版」。

東京に修学旅行に来た中学生などの学生さんが、地方では田植えや芋掘り体験をするように、芸人さんと一緒に漫才をしたりゲームなどを通じてコミュニケーションを学んでもらおうというものです。

これが、かなりの需要がありました。なかには、「有名な芸人さんに来てもらいたい」という学校もあって、アルコ＆ピースさんや磁石さんに来ていただいたこともありました。

これら2つのイベント営業を始めると、移動時間を含めてかなり忙しくなり、外でアルバイトをする時間なんてなくなりました。

とはいえ、急に儲かったわけでもありません。

むしろ、**「テレアポのアルバイトのほうが効率がよくない？」と愚痴っているぐらいでした（笑）。**当時のテレアポのアルバイトって、深夜だと2000円の時給とかが平気でありましたから。

ですから、少し増えたぶんの収入で、まずは自分たちがなんとか食べられるようになったぐらい。ただ、そうすると、〝メインのライブ〟＝『行列の先頭』などでは相変わらず赤字続き……。そんな状況だったんです。

『行列の先頭』でやっと黒字を出せるようになったとき

本書のここまでの話で、具体的に名を挙げてきたライブは、〝メインのライブ〟である『行列の先頭』と〝サブのライブ〟である『トッパレ』ですが、実は2007年には別の形式のライブも週1〜2回開催していました。そちらも『トッパレ』と同様、基本的には若手芸人さんが中心になっているライブです。

そして、K-PROの収支を考えると、〝メインのライブ〟と〝サブのライブ〟を見比べたときに、「あれっ!?」と思う数字が現れていました。

〝メインのライブ〟=『行列の先頭』は前述したように大赤字なのですが、若手中心のライブは開催が多いうえにいつも満員。おかげで、若手中心ライブは1枚当たりのチケット料金が安くても、**全体的な収支としては〝サブのライブ〟のほうが上回っていた**のです。

そこで思い切って、〝メインのライブ〟を開催する劇場を、キャパ70人の「新宿Fu-」から、**キャパ294人の「北沢タウンホール」に変更。内容も、そのキャパに見合うように、〝メインのスペシャルライブ〟と呼べるほどグレードアップ**してみました。

そのライブは、2008年1月に開催した『行列の先頭10』。

出演してくださった芸人さんは、ラバーガールさん、THE GEESE(ザ・ギース)さん、ピースさん、フルーツポンチさん、イワイガワさん、などなど。

さらに、スペシャルゲストとして、スピードワゴンさん、2丁拳銃さん、エレキコミックさん、東京03さん、東京ダイナマイトさん、POISON GIRL BANDさん、タイムマシーン3号さんにも出ていただきました。

もちろん、客席は満員で、芸人さんたちにきちんとした出演料をお支払いしても、黒字になりました。

〝メインのライブ〟である『行列の先頭』は、開催10回目のここで初めて黒字を出すことができたんです。

以降、〝メインのスペシャルライブ〟の『行列の先頭』は、大きめのキャパの劇場を借りるようにして、黒字をキープ。2009～2010年まではイベント営業の仕事を徐々に減らし、K-PROはお笑いライブだけでやっていけるようになったわけです。

「芸人のために使ったお金は、芸人を使って取り返せ」

私の場合、お笑いライブの仕事だけでやっていく覚悟を固めるまでには、2つのポイントがあったような気がしています。

1つめは、何気ない会話の中で「父が口にした言葉」です。

あれは、K‐PROのライブがまだ赤字続きで、外でのアルバイトで得たお金で穴埋めをしていた頃のこと。「最近、お笑いライブのほうはどんな感じなんだ?」と聞かれた私は、こう答えました。

「ライブの赤字がね、毎回このぐらい出るんだよ。アルバイトのお金は、そこにほとんど使ってて。まぁ、でも、ライブは楽しいからやるけどね」

こんな感じで私がヘラヘラしていたら、父がひと言。

「でも、それでは趣味だぞ」

そう言われた瞬間に私が考えたのは「趣味? 趣味といえば趣味だけど……」ぐらいのことでした。

しかし、一人になったとき、父の言葉の意味を改めて考えました。

「私が今やっているお笑いライブは、仕事じゃないということ?

でも、プロの芸人さんや、大手の事務所とも連絡取ってるよね?

あれ？　もし、私が趣味でやっているなら、かなり失礼なことをしていることになるな……」

このときに、「今やっているお笑いライブをきちんとした仕事にしなければ」という決意を固めたんです。

もうひとつのポイントは、まさにプロ中のプロの芸人さんである「村田渚さんの言葉」でした。

あるとき、「私が子どもの頃からお笑い好きだったこと」「さまざまなお笑い関連グッズを集めていたこと」「大勢の芸人さんが出演していたテレビ番組の録画や、単独ライブなどのビデオテープも大量に持っていること」などを話したら、（村田）渚さんは教えてくれたんです。

「じゃあ、そういう**『俺らのために使ったお金』は、俺らを使って取り返さないとダメですよ。今度は俺らを使って、儲けてくださいね」**

私は一瞬、驚きました。

K-PROを立ち上げた頃、出演オファーをかけて断られた事務所からは、「芸人を使って金儲けをしたいのか?」と嫌みを言われていたのに、渚さんは「芸人さんをお金にしていい」とアドバイスしてくれたのですから。

ほかにも、渚さんは、K-PROのライブのことを思ってさまざまなアドバイスをしてくれました。

「この(出演芸人さんの)メンバーで、こんな小さいハコでやってたら絶対ダメ」

「これぐらいのメンバーを呼べるなら、それなりの場所や舞台を提供しないと」

「もっと会場を大きくして、お客さんをよりいっそう呼べるライブを作らなきゃ」

前項でお話しした、キャパ294人の北沢タウンホールで『行列の先頭』を開催する決意ができたのは、その1年数カ月前に亡くなられた渚さんのアドバイスが心の中に残っていたからかもしれません。

「新しい活動」が絶好調なときに起きた大震災

テレビのバラエティー番組や、いわゆる賞レースの世界では、2010年に大きな出来事が続出していました。

『M-1グランプリ』(朝日放送・テレビ朝日系)がいったん終了(後に2015年復活)したのをはじめ、『エンタの神様』(日本テレビ系)や『爆笑レッドカーペット』(フジテレビ系)なども相次いで終わってしまったのです。

特にM-1の終了は、芸人さんたちにとって非常に大きな出来事で、K-PROのライブ前の楽屋でも多種多様な会話が交わされていました。

捉え方はそれぞれで、〝賞レースの呪縛〟から解放されて安堵している芸人さん、最大の目標が失われてうなだれている芸人さんなど、違った表情を見せていたことをよく覚えています。

そんな**楽屋の中から、芸人さんたちが生み出した「新しい活動」**がありました。

「M−1が終わるらしいぞ」という噂が急に芸人さんたちの間で流れ始めた2010年の7月頃、当時爆発的に売れていた「AKB48」を参考に、磁石の永沢たかしさんが発案した**「FKD48」というユニット**です。

「FKD」の名は「吹きだまり」から来ているのですが、このユニットに参加した芸人さんたちは超豪華。

磁石さん、三拍子さん、アルコ&ピースさん、マシンガンズさん、流れ星（現流れ星☆）さん、かもめんたるさん、オジンオズボーンさん、鬼ヶ島さん、キャン×キャンさん、Hi−Hiさん、トップリードさん、ダーリンハニーさん、タイムマシーン3号さん、ダブルブッキングさん、ななめ45°さん、風藤松原さん……。

芸人のユニットなので、名前にお笑い要素を加えてはいますが、実際は**「人気と実力を兼備したK−PROライブの選抜メンバー」**でした。

コンセプトや活動の方向性などは、すべて芸人さんたちで決めていて、全芸人さんが集まった決起集会を経て〝あとはライブを始めるのみ〟となった段階で、K−PROが開催の実現に動き出しました。

所属事務所が本当にバラバラで人数も多かったので、出演交渉は大変でしたが、最終的には全員の出演OK。劇場も押さえて、**2011年1月に行われた第1回公演は大反響**でした。各メディアからの取材依頼、イベント営業の問い合わせ、ライブをDVD化したいという話まで来るほどだったんです。

そうして、第2回公演を2カ月後の3月に決め、チケットを発売すると即日完売。**「さぁ、このユニットの活動をもっともっと広げていくぞ！」**と、気合いを入れて準備していました。

その準備の一環で、オープニング映像を作成してくれていた映像会社さんへ完成したDVDを受け取りに行こうとしたときのこと。

K-PROの事務所が5階に入っているビルから外出しようとエレベーターに乗り、動き始めた直後の出来事でした。

突然、「ガコンガコン！」とすごい金属音がしたと思ったら、次にはエレベーターの壁を外から強く叩かれているような衝撃を受けたんです。

ただ、エレベーターはなんとか動いていて、頭上の階数表示の1階が点灯したとき、ほんの数秒間だけ扉が50㎝ぐらい開きました。私は扉の目の前に立っていましたから、運よくその瞬間に外へすり抜けられました。

しかし、外に出たら、あらゆるものがグラグラと大きく揺れ続けていました。

そう、**2011年3月11日に起きた東日本大震災です。**

そして、**この日は、FKD48の第2回公演の4日前**だったのです。

公演は、すぐに中止の判断をしました。

それでも、会場費は全額自己負担で支払わねばならず、チケットも払い戻し。

さらに、K-PROの他のライブもすべて中止して、約2週間は全ライブが止まってしまいました。

結果、収入がなくなったどころか、多額の負債を抱えることになったんです。

震災があったからこそ「確固たる自信」が生まれた

その後、FKD48の第2回公演は、当初の予定から2カ月遅れの5月20日に開催することができました。会場のキャパを約1・5倍のところ（なかのZERO小ホール）に変更し、それでも満員のお客様に来ていただき、存分に笑って楽しんでいただけたのです。

震災が大きく関係していたからこそ、**この公演の成功には幾重にも感慨深い想いを抱いています。**

震災直後には、ある大御所の芸人さんが、「今はお笑いなんて誰も観ないよな」といった主旨のことをテレビ番組でしゃべっていました。

私自身のもとにも、〝お笑いなんて不謹慎〟という声が届き、〝お笑いに冷たい空気〟をひしひしと感じ取っていました。

公演を一度中止したことによる経済的な損失も常に頭の中にあって、かなり落ち込んでいたことは事実です。**「お笑いライブの仕事はもうできないかも……」**なんて考えたこともありました。

でも、その一方で、**「世間の状況が落ちついてきたら、私たちK－PROが頑張らなければ」**と思わせてくれることも多数ありました。


自宅待機をしている芸人さんと電話で話すと、「落ち込んでいるのは私たちだけじゃない。芸人さんたちも同じ。芸人さんたちのための舞台をまたきちんと用意しなくちゃいけない」とハッとさせられました。


『お笑いナタリー』（お笑い関連のニュース配信が主要のメディア）のTwitter（現X）公式アカウントでは、延期・中止になった主なライブの一覧が掲載されたのですが、芸人さんが所属する大手事務所主催のライブがバーッと並ぶ中、「事務所主催ではないライブ」では唯一、K－PROのライブだけがすべて掲載されていました。

それを見たことで、**「K－PROの位置」に自信を持てた**のです。

加えて、FKD48の第2回公演をはじめ、すべてのライブの中止を震災当日にいち早く発表していたことで、芸人さんたちの各所属事務所から認められていることまで確認できました。

実は、K-PROのいち早いライブ中止の情報を見て、いくつもの事務所が翌日から同じく中止の判断をしていました。

そして、各事務所のライブ担当の方々は、その後もK-PROの動向を見てくれていて、**「K-PROさんはライブをいつ再開しますか？　再開するタイミングのお手本になるので」**といった問い合わせの電話まで来るようになっていたのです。

これがわかったことは非常に大きく、**「K-PROのライブは『基準』になるほど認められているんだ。じゃあ、やろう。どれぐらいのお客様が来てくれるかわからないけど、頑張らなきゃ」**と、やる気が復活してきたんです。

なお、後のコロナ禍でも同じような状況になったこともあり、今では自分たちのK-PROのライブに確固たる自信を持っています。

ただし、〝あぐらをかいている〟のではありません。

コロナ禍での状況を例に挙げれば、入場できるお客様の人数と座席の間隔、その他の劇場内のさまざまな環境などを含めて、「他のライブの基準にならないといけない」ぐらいの責任感を持ちながら、最善のお笑いライブを開催していく心づもりができているということです。

K-PRO流「ライブのピンチをチャンスに変える術」

震災やコロナのような大きなものではなくても、お笑いライブは文字どおり〝リアルタイムの生もの〟なので、ピンチはたびたび起こります。

もちろん、ピンチは起こらないほうがいいのですが、起こったものはしかたない。重要なのは、「いかにうまく対応して、ピンチをチャンスに変えられるか」です。


例えば、過去にはこんなことがありました。

スペシャル感のあるライブをする劇場をすでに借りていて、開催日時が決まっているというのに、「各事務所といくら交渉しても若手しか集まらない」というピンチです。

実は、その日は、大勢の芸人さんたちが集まるテレビの特番収録の日でした。だから、人気のある芸人さんたちをいっこうにつかまえられなかったのです。

それでも、お客様に喜んでもらえるよう、**「誰が出るかはライブが始まってからのお楽しみのシークレットゲスト」がいる形式にして、テレビの特番での自分の出番が終わった時点で間に合いそうな芸人さんに飛んで来てもらう**ようにしたことがあります。

また、東京に台風が向かっていたときには、一度こんなこともありました。

今ならば、台風が東京に上陸する日と時間帯は、数日前から天気予報でかなり正確にわかるので、「この日のライブは中止」と早めにアナウンスできます。

ところが10年以上前は、自分たちで中止か決行を決める必要があったため、他のいくつかの劇場が早々にあきらめて中止にしても、「夜のライブはできそうじゃない？」という状況でした。

そのときに私は、その日の夜のライブを**「特別に入場無料にして開催する」**と決め、Twitter（現X）などを通じてアナウンスしたんです。

開催すると判断した主な理由は、「今日のライブ会場のある新宿に早めに来ているんだけど中止になったらどうしよう」という多くのお客様の書き込みです。そして無料にしたのは、「もしも交通機関に影響が出たら、予定している芸人さんのすべてが出られないかもしれない」と考えたからです。

さらに、席数ぶんのタオルを100円ショップで購入して用意し、「台風の雨で濡れた場合のタオルも一応あるので、〝雨宿り〟のつもりで無理ない範囲でお越しください」とアナウンスしました。

そして、いざ始まったライブのオープニングでは、「今、出演予定のかもめんたるさんが向かってはいるのですが、乗っている電車が〝走っては止まり走っては止まり〟のようなので、今のところは来ていません」とマイクでお伝えすると、お客様はまずひと笑い。

また、他にも遅れている芸人さんたちがいたので、ライブの進行中にも「○○さんが来てくれました！」「△△さんが間に合いました！」とお伝えすると、笑いとともにまたひと盛り上がり。
そして**ライブが終盤になった頃、「ついに来ました！ かもめんたる！」となったら、もう大歓声**なんです。そのライブ終わりには台風も通り過ぎ、お客様を見送った際には、喜びの声を何度も掛けられましたし、それこそTwitter上では「K-PROさんの神対応」とまで書いてくださる人もいらっしゃいました。

私の場合は、ライブを中止するにしても、開催するにしても、このように判断は早めにするようにしています。

そしてこのときは、開催の判断をし、ライブを温かく見守ってくれたお客様と、協力してくれた芸人さんたちに感謝しつつ、演出を含めてピンチをチャンスに変えられる対応ができたと自信になりました。

K-PROライブに「最高の好循環」が生まれた秘密

テレビで全国放送されているいわゆる賞レースで、東日本大震災後も開催されていたのは、2008年から始まった『キングオブコント』（TBS系）と、2011年から始まった『THE MANZAI』（フジテレビ系）。

一時は、**『キングオブコント』で決勝進出した8組中の7組がK－PROライブのレギュラーメンバー、『THE MANZAI』も決勝進出の半分以上がやはりK－PROライブのレギュラーメンバー**という年もあったぐらいでした。

さらに、〝吉本興業所属のある芸人さんが「K－PROのライブに出てないと勝ち抜けないのか」と言ったという噂〟が回ってきたり、K－PROでやっているバトルライブ形式の**『トッパレ』を勝ち抜いて優勝した芸人さんは『決勝に行って優勝する』**といった〝ジンクス〟のようなものもできていました。

2012年に**バイきんぐさんが、『トッパレ』で優勝したネタで『キングオブコント』も優勝**していて、この年は芸人さんのほとんどが「バイきんぐが勝つ」と言っている中で本当に優勝しましたから、K－PROのライブの評判はいっそうお笑い業界の中で広まったのを実感しました。

そういえば、2013年の11月に、新宿の「LOFT／PLUS ONE」（ロフトプラスワン）で、K-PROライブ出演メンバーとトークライブを行うと、おかげさまで満席にもなっていました。

その翌年、つまり2014年は、K-PROの立ち上げから10周年。

この記念すべき年は、**「赤坂BLITZ」「東京グローブ座」「なかのZERO大ホール」など大きい会場を次々と借りて、いろいろなライブを開催しては全会場がほぼ満員**という結果を残すことができました。

K-PROの存在をテレビで初めて大きく取り上げていただき、私自身も初めて出演させていただいたのも、この年のことです。

それは、カンニング竹山さんがMCをしていた『竹山ロックンロール』という、テレビ埼玉・テレビ神奈川などで放送されていた番組でした。

その番組内でアルコ＆ピースさん・スパローズさん・三四郎さんが出演した回に、「お笑いライブをたくさんやっている女性がいる」という切り口で、私とK-PROが紹介されたわけです。

すると、カンニング竹山さんに興味を持っていただけて、ご自身のラジオ番組でも私の話をしてくださったりしました。

そこから、**各種メディアでK-PROを取り上げてもらえる機会や、「次に来る若手芸人をぜひ教えてほしい」といったテレビスタッフさんからの依頼が増えていきました。**


こうなると、K-PROのライブに、すばらしい好循環が生まれました。

どういうことかというと、

❶私が勧めた芸人さんを観るために、メディア関係者の方々が頻繁にK-PROライブに来る

⬇

❷楽屋にいる芸人さんたち全員に、「今日はあの番組の人が来てるよ」と伝える

⬇

❸皆が気合いを入れてくれて、〝よりおもしろいこと〟をしようと頑張ってくれる

❹メディア関係者にはもちろん、お客様全員にもいっそう笑ってもらえる
⬅
❺出演した芸人さんの発信で、その日の話が芸人仲間で広まり、「K-PROのライブにはチャンスがある」「K-PROのライブに出たい」と言ってくれる芸人さんが増えていく
⬅
❻「次に来る若手芸人」の候補がさらに増え、再び❶から始まる〝K-PROならではの流れ〟が続く
⬅

ということです。

前述したように、K-PROライブのレギュラーメンバーが『キングオブコント』や『THE MANZAI』で結果を出していて、当時のK-PROライブの若手トップにいた三四郎さんがテレビ初出演の『ゴッドタン』で跳ねた直後でもありましたから、当時の若手芸人さんたちのやる気は相当アップしていたと思います。

ライブ本数が年間1000本を突破

順調に成長できたK-PROは、**2015年には年間のライブ本数が500本を突破。**

翌2016年には、会社組織として「株式会社アールドライブ」を設立しました（実は、それまでは、私も相棒・松本も個人事業主として働いていました）。

「アールドライブ」という名前の由来は、K-PROを立ち上げる前からの相棒・松本の車の中でライブなどの企画を考えることが多かったので、「ドライブで面白い案がでるぞ、そして、ライブには面白いことがいっぱいあ〜るど（ぞ）」というところからです。

私としてはけっこう気に入っていたのですが、周りからは「活動名義も会社組織名称もK-PROで統一したほうがいい」との声が徐々に増えていったこともあり、2021年には会社組織の名称も「株式会社K-PRO」に変更になりました。

そして、2017年頃からはキャパ1000人レベルの会場でライブを問題なくできるようになり、**2018年からは所属芸人を取って芸能プロダクションとしての活動も開始。2019年には設立15周年を迎えました。**

この頃は、お笑い業界だけでなく、アイドル業界などエンタメ全般が右肩上がりで、かなりいい空気がある時期でした。

とはいえ、決して浮ついた気持ちになっていたわけではなく、どちらかというと、むしろ逆。

会社組織になったことで、「お笑いが大好きだからやっている」というベースが心の中にあっても、外からの見られ方が大きく変わっていったことなど、さまざまなギャップやジレンマを感じながらも頑張っていた感じでした。

また、2018年末には、K-PROの大切な仲間だった島野研治さんが突然亡くなってしまいました。

島野さんは、K-PROの立ち上げメンバーではありませんが、2009年からは私と松本とともにK-PROを毎日支えてきた人物です。

もともとは、大阪でお笑いのインディーズライブを主催していて、大阪を拠点にして「K-PROのライブを大阪でもやりませんか?」と誘ってくれた主催者たちの中で唯一、話の通じる人でした。

他の皆さんは〝大阪のお笑いが上、東京は下〟の思考だったり、東京から芸人さんたちを連れて来てライブをやりたいという割には話にならない条件=〝大阪のルール〟を曲げない方ばかりだったんです。


ですから、島野さんとタッグを組み、2007~2008年には毎月1回、大阪でK-PROの出張ライブを開催していました。

そのライブには、東京からはハリウッドザコシショウさんらを連れて行き、大阪からは若手の頃の天竺鼠さん、ウーマンラッシュアワーさん、和牛さんなどに出ていただいていました。

その後、島野さんが上京して、K-PROは3人体制になったわけです。

彼は、ライブのことならなんでも任せられる人でしたが、特に音響オペレーターとしての腕は抜群でした。

ずっと宮川大助・花子師匠をはじめとして漫才作家の活動をしていたこともあり、芸人さんたちが望む最高のタイミングで音出しをしてくれるので、東京ではK-PROのライブはもちろん、『キングオブコント』の決勝の舞台でザ・ギースさんやトップリードさんの音響担当を依頼されていたぐらいです。

そのため、私と松本からだけでなく、芸人さんたちからの信頼も非常に厚い方でした。K-PROが1日に2会場でライブをできるようになったのは、間違いなく島野さんが加わってくれたからです。

周りからは、〝K-PROはなにも問題なく大きくなっている〟と見えたかもしれませんが、実は今お話ししたようなジレンマや喪失感もありつつ、それらに負けないように努力を続けていた時期でもあったのです。

2019年に**K-PROとしての年間のライブ本数がついに1000本を超えた**のは、その結果だと思います。

「オンライン生配信」をいち早く始めて大正解

さらに、**突如襲いかかってきたのが、新型コロナウイルス**でした。

2020年1月に国内初の感染者が確認され、4月に緊急事態宣言が発令されたことで、**予定していたお笑いライブはすべて、3カ月以上も中止せざるをえない状況**に……。結局、失った売り上げは約4000万円、赤字は1000万円を超えました。

日本中の多くの業界・企業と同様、「お笑いライブのK-PRO」も一時はすべてが止まり、非常に大きなダメージを受けたのです。

ただし、〝ただじっとし続けているK-PRO〟ではいられません。

K-PRO内では、緊急事態宣言の前から、後のコロナ禍にできることの準備を進めていました。

その代表例が、**お笑い・エンタメ業界でいち早く始めた「オンライン生配信」**です。

私は以前から、『ニコニコ動画』の番組に月イチで出演していて、そこでまずはK-PROライブの無観客生配信を行っていただきました。それを見ていたK-PROスタッフの若手・富澤は、学生時代から機材や音響の知識・興味を持っていたこともあり、「自分でもできる」と考えていたそうです。

そこで、コロナが広まりつつあった2020年の1月頃、社内会議の場で「オンライン配信もやりましょう！　すぐに始めましょう！」と提案してくれて、**その日のうちに必要な機材を一気にそろえることができた**のです。

それまでは、ライブごとに借りていた各劇場にある機材を使わせてもらっていただけなので、映像音声撮影・ウェブ配信に最低限必要なものを購入するだけで200万円以上はかかりました。

しかし、このときにすぐに行動しておいて、本当によかったと思います。

というのも、その後すぐに「オンライン配信というい手段がある」という話が一気に広まり、少なくとも東京都内では「必要な機材」がなかなか入手できない状況になったからです。

また、映像制作会社などから「オンライン配信を請け負います」といった営業の連絡が来た際、料金を試しに聞いてみると、1回の配信で何十万もかかると判明。先行投資をしておいて大正解だったのです。

機材を手に入れてからは、すでに決まっていた会場で**無観客開催されるライブのたびにほぼ毎日、車で機材を運び、生配信**を続けました。

その後、緊急事態宣言が発令され、「ライブ自体が開催できない」「ステイホームが基本」となってからは、芸人さんが自宅からオンライン配信をしてくれるときに貸し出したりもしました。

こうしたオンライン配信の経験によって、K-PROの仕事の幅はいっそう広がりました。従来から、芸人さんの単独ライブで、制作や舞台監督としてのお手伝いをさせていただいていましたが、オンライン配信の際にもスタッフを派遣できるようになったのです。いまはほとんどの芸人さんと、「単独ライブの運営+オンライン配信」のセットでお仕事をさせていただけるようになっています。

「お笑いライブで大切な〝三角形〟」とは？

コロナ禍の期間は、「お客様がK-PROを本当に応援してくれている」と改めて感じられる機会が、数え切れないほどありました。

自分たちも仕事が大幅に減ってつらい状況なのに、K-PROのことを考えた言動を取ってくれたことには感謝の思いでいっぱいです。

2020年4〜5月の緊急事態宣言が解除され、「有観客でのライブ」が許される状況になり、K-PROの主催ライブでそれが実現したのは6月27日。

お客様がいるライブは、実に123日ぶりでした。

そして、そのライブのオープニングでは、「なんとか感謝の思いを届けなければ」と、自粛期間中のK-PROスタッフ・ライブのレギュラーメンバーらの様子をダイジェスト映像でまとめ、皆さんに観ていただきました。

あのときの光景は、脳裏にはっきり焼き付いています。K-PROスタッフの全員が涙、出演芸人さんたちも涙、お客様の目にも涙……。**もう、今思い出しただけでも泣け**

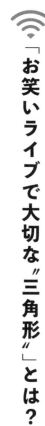

てきちゃいます。

それとほぼ同時に、有料のオンラインサロンを始め、その中では「K-PROライブの関連情報などを毎日綴るブログ」「会員専用のライブ動画」「サロン限定のZoomトークライブ」などを公開するようになりました。

すると、コメント欄などで**お客様とコミュニケーションを取る機会が急に増え、リアルな交流がやる気を奮い立たせてくれました。**

お客様といっしょにライブ制作する機会を設けて、希望された企画をもとに実現したライブもありました。

これも、お笑いの世界に新しいものをどんどん取り入れていく中で、**お客様への感謝の思いを形にした形態の一つ**です。

芸人さんたちにも、本当に感謝しています。

それぞれの芸人さんへの感謝の気持ちや、この機会だからこそお話ししておきたい内容については、第3章・第4章で触れますが、私とK-PROに関わってくれたすべての芸人さんたちにここでお礼を申し上げます。

私は、**「お笑いライブにはとても大切な〝三角形〟がある」**と考えています。**「お客様」「出演者」「スタッフ」でバランスの整った〝三角形〟**ができていないと、いいライブは実現できないと昔から感じているんです。

その意味でも、**2021年4月、東京にキャパ148人のK-PROの劇場「西新宿ナルゲキ」をオープン**できたことは、前述した〝三者で作る三角形〟をより大きく安定させるうえでとても役立っていると思います。

「ナルゲキ」の「ナル」には、「笑いが鳴り響く劇場」の「鳴（ナル）」と、「若手芸人さんが成り上がる」「成功」「成長」「達成」などの「成（ナル）」という意味が込められています。

また、この劇場からすぐ近くには、「成子坂」という地名があります。この成子坂は、ここまで何回か登場した村田渚さん（元フォークダンスDE成子坂）のコンビ名に入っている字でもあります。

（村田）渚さんは、私とK－PROにとって、いちばん尊敬する芸人さんであり、恩人でもある人です。

「私にとって、今考えられるベストな劇場はありえない」

そう確信できる劇場で、K－PROはお笑いライブを続けています。

『アメトーーク！』『M－1グランプリ』『THE SECOND』

2022年にも、私とK－PROにとって大きなことが2つありました。

まずひとつめは、なんと『**アメトーーク！』（テレビ朝日系）の4月21日放送回で、「ココで育ちました　K－PROライブ芸人」**というテーマが放映されたこと。

あの『アメトーーク！』が、まさかK－PROくくりで番組を作ってくれるなんて……。

連絡をいただいたときは、大声を上げるほど驚いてしまいました。

「K-PROライブ芸人」として番組に出てくださったのは、アルコ&ピースさん、三四郎さん、モグライダーさん、ウエストランドさん、ランジャタイさんで、スピードワゴンの小沢（一敬）さんと、アンガールズの田中（卓志）さん、ラランドのサーヤさんも参加してくださいました。

収録には私も立ち会わせていただき、予想外に放送の最後のほうでは、私の姿も少し映っていました。

このときの反響はすさまじく、おかげさまで放送直後の月のK-PROライブは連日満員、大盛況でした。

2022年にあった、もうひとつの大きな出来事といえば、『M-1グランプリ』で**ウエストランドさんが優勝**したこと。

K-PROのお笑いライブの〝楽屋番長〟である井口（浩之）くんと、みんなから愛されている（河本）太くんのコンビなだけあって、K-PRO&ナルゲキの楽屋は大盛り上がりでした。

そして、ウエストランドさんは、K-PROのライブに出ている全若手芸人さんたちに影響力のあるコンビなので、**若手芸人さんの誰もが「俺たちでもできるぞ!」と本気で思えるようになった**ことが、なによりも大きなことと感じています。


また、ウエストランドさんと同様、K-PROの立ち上げの頃からライブに出てくれていた三四郎さん、モグライダーさん、ランジャタイさん、ヤーレンズさんなどの〝同世代の芸人さんたち〟の中では、「俺たちの中でどこが最初にチャンピオンになるか」という話が前々からありました。

そしてウエストランドという優勝コンビが決まったことで、この世代の芸人さんたちの中には、「自分たちよりも下の若手も頑張って目立つ場面を作っていこう」という、K-PROのライブ自体をさらに盛り上げようと意識してくれる人まで現れてきました。

つまり、ウエストランドの優勝は、K-PROの舞台に上がる芸人さん全体の意識変化をもたらすほど、とても大きな出来事だったんです。

さらに、昨年（2023年）から始まった「結成16年以上のプロ漫才師による大会」＝『THE SECOND』（フジテレビ系）では、**K-PROライブの常連メンバーのマシンガンズさん、スピードワゴンさん、三四郎さんらがグランプリファイナルに進出。**

トーナメントの組み合わせ上、スピードワゴンさんと三四郎さんが対戦し、次に三四郎さんとマシンガンズさんが対戦していくのには熱いものがこみ上げてきました。

最終的には、ギャロップさんが優勝し、**マシンガンズさんが準優勝。**

この大会がスタートしたこと、そしてマシンガンズさんが準優勝したことは、K-PROライブ芸人の〝兄さん世代〟に新たな刺激を与えています。この世代の芸人さんたちのさらなる活躍も、大いに期待しているところです。

〝K-PROの看板〟を背負って表に出るのは……

コロナ禍、そしてアフターコロナの時期を経る中で、私自身の意識も相当変わりました。

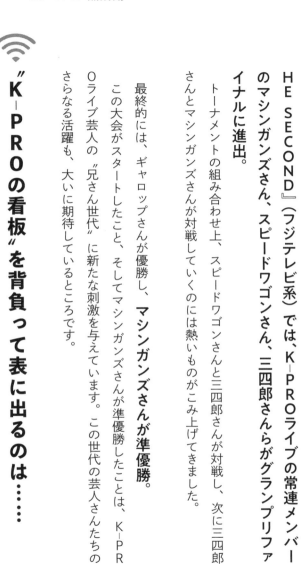

コロナ禍の前までは、やはり「裏方の意識」が強く、あくまでも主役は芸人さんなので、**私は「表に出ない存在」**と考えていました。

表に出ると、「『裏方がしゃしゃり出てんじゃねえよ』って思われるだろうな」とも、自分で勝手に思ってたんですよね。ややこしいですけど（笑）。

ところが、お笑いライブが思ったとおりにできなくなると、考え方が変わっていきました。

「お笑いに関わる人間として、今を含めた〝そのときどきのお笑い界の現状〟を私が話すだけでも、業界を盛り上げるために少しは役に立つかもしれない。

だったら、表に出なきゃ。出てもいいんだ」

そんな意識が、日々強くなっていったんです。

私が表に出ることをリアルに想像すると、「女性ファンが男性芸人を応援する気持ちをジャマしてしまうかも……」という考えも一瞬よぎりました。

でも、「これだけ長くお笑いライブをやってる人間なら、さすがにもう『あの人なら安心』と思っていただけるはず」と思い直せたんです。

そうして、すでにお話ししたオンラインサロンを皮切りに、テレビ・雑誌などに顔出し

芸人に向けてリハーサル中の著者

で話をさせていただくようになったんです。

今の私の立ち位置は、自分では**「K-PROの看板女将」**を目指しています。

メディアからの情報で、私のことを〝お笑い界の女帝〟〝お笑い界の母〟のように思っている方もいるようですが、私は女帝や母のように「スゴい」「近寄りづらい」「強い」ような人間ではありません。

お客様が〝K-PROのお笑いライブという旅館〟に来てくださったときに、「あっ、見たことのある人」と感じてくださる「看板女将」ぐらいの存在で、**「それが居心地のよさや安心感につながるといいな」**と考えているのが本当のところです。

表に出るようになり、有観客ライブを再開してからは、すでにお客様のほうから「児島さんに会いに来ました」とまで言ってくださることもありました。

その方は、オンラインサロン経由で提供していたYouTubeのライブ動画で、いつもコメントを書いてくださっていた方でした。

私を何回も動画内で観ていて、コメントのやり取りもしたうえで、「直接会いに行きたい」と思って劇場に足を運んでくれた――。そのときに、「居心地のよさや安心感を少しはお届けできているかも」と感じ、とてもうれしかったことをよく覚えています。

また、出演する全組をシークレットにしたライブが満席になった際も、昔にまったく同じことをして客席がガラガラだったことと比較すると、僭越ながら「私が集めて出てくれる芸人さんたちだから大丈夫」と信じていただけた結果だと思い、感無量でした。

まだいらっしゃった経験がない方は、この機会にぜひ、〝K-PROのお笑いライブという旅館〟にお越しください。

男性・女性、一人でも安心できるキレイな環境、フカフカの座席、丹誠込めて作ったK-PROお笑いライブをしっかり用意して、あなたをお待ちしています。

［第3章］

K-PRO
レジェンド芸人への感謝

【愛・情熱・刺激】編

私とK-PROを成長させてくれる芸人さんたち

ここからは、K-PROライブのレギュラーメンバー、**つまりK-PROのお笑いをずっと支えてきてくれた「K-PROレジェンド芸人さんたち」**への感謝の想いを大いに込めつつ、各芸人さんとのエピソードをご紹介していきます。

現時点で、K-PRO立ち上げから20年。

初めてお笑いライブのお手伝いをしたときから数えれば、約25年——。

本当にたくさんのことが思い出されます。

しかし、もしもここで「そのすべてをご紹介します!」なんてことをしたら……それだけでこの本の全ページが埋まってしまいます(笑)。

そうした都合上、お世話になったのにご紹介できない芸人さんがいるのは申し訳なく思っています。

また、ここでご紹介させていただく芸人さんたちからしても、「別のあのエピソードは?」

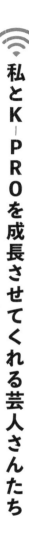

と感じる場合もあるかもしれませんが、今回は私なりのチョイスということで許してください！

なお、第3章は【愛・情熱・刺激】編、第4章は【ほっこり・気づき・喜び】編と題し、**実際にあった「エピソードの現場」で私が感じた想い**を基に分類しています。

ただし、その分類はあくまでも形式的なものです。

最もお伝えしたいのは、芸人さんたちからいただいた「想い」。その想いが、私とK-PROを成長させ続けてくれています。

読者の皆さんは、それらの話を通じて、K-PROライブやお笑い業界の舞台裏、リアルな空気感、歴史などをぜひ感じてみてください。

と同時に、私が感じた想いに触れていただけると幸いです。

そして、〝お笑い愛〟を共有していきましょう！

ウエストランド

M-1チャンピオンの素顔は〝楽屋番長〟&〝昭和のお父さん〟

井口浩之　河本太

2022年の『M-1グランプリ』で優勝し、そこから「旬の芸人」として活躍を続けるウエストランドさんは、K-PROレジェンド芸人さんの中でも**〝過去イチ〟ぐらい関わりが深く、「結果を出して売れた芸人さん」**だと思います。

私やK-PROと**過ごしてきた時間は本当に長く、しかも内容も密で、それだけに深い信頼関係が築かれている**と考えています。

そして、その信頼関係があるからこそ、私もウエストランドさんから多くのことを学ばせてもらい、M-1優勝後のオンラインサロンでの生配信中に思わず泣いてしまったのだと思います。

特に井口（浩之）くんは、「ライブでお客様の前でネタをやることの大切さ」を、いたるところで語ってくれていました。

実は、ウエストランドさんは、M-1で優勝するよりも前、初めて決勝に進出した2020年以降、スケジュールが毎日びっちり埋まっている中で月に4~5回もK-PROのお笑いライブに出てくれていました。

つまり、**「売れてもライブに出る時間は作れる」ということを、自ら証明**してくれていたんです。

そして、「売れたからライブを卒業⬇賞レース前にだけ再びライブに出てネタを試す」という先輩芸人さんたちが少なくない中、

「売れても劇場に出る時間を作れるなら、普段から出なきゃダメだろ」
「ちょっと忙しくなったからって、ライブを疎かにするなんて信じらんないわ」

と、後輩たちに常々言ってくれるような芸人さんなんです（Aマッソさんも同じことを言ってくれています）。

ということで、K-PROライブの楽屋では、出演するライブを選んでいるように見える若手をつかまえて、「なんでもっと出ないの？　俺は出れてるよ」とイジっている風景

を私は何度も目にしています（笑）。

ここからは私の推測ですが、どんなに忙しくても新ネタを作り、舞台に立ち続けている事務所の先輩・爆笑問題さんを尊敬しているからこそ、こうした言動を取ってくれているのではないかと思います。また、M-1チャンピオンになり、さらに忙しくなった現在では、後輩を諭すためだけではなく、自分に言い聞かせる意味もあるような気がしています。

楽屋での井口くんは、後輩・若手を諭すだけでなく、さまざまな話題でずっとしゃべり続けている〝楽屋番長〟です。「『若い芸人とはもう感性が合わない』なんて口にするのはダサい」と考える点で、私と似ていますね。

直近のリアルなライブシーンの情報交換も、頻繁にしています。

そして、後輩や私と楽屋でしゃべったことを、数十分後の舞台やラジオでネタにしているのですから、**すべてを〝笑いの養分〟にしている**ような感もあります。

いずれにしても、ライブの主催者側である私やK-PROにとっては、ありがたいとしか言いようがありません。

M-1に向けて新ネタ2本を下ろす〝新ネタライブ「漫才工房」〟を行う際、同世代ではなくあえて若手芸人たちといっしょにやるのは、「自分がいちばん結果を出さないといけない」というプレッシャーを自らにかけるため。しかも、満席になった売り上げは、若手たちと平等に分配。

そんな**男気もあるところも、カッコいい**と思います。

（河本）太くんは、一見冷めているようでいながら、**実は純粋で真っ直ぐで温かく、涙もろくて家族思い**なところが魅力的です。

おそらく、「これをやったら怒られるだろう」と本人は想像できているはずなのに、どうしてもそれをやってしまう——。そんな、周りとはちょっと感性がズレているところはあるけれど、それだけ「おもしろいと思ったことはやってしまう」という純粋さがあります。

そして、自分たちがM-1で優勝したときもそうでしたが、マヂカルラブリーさんや錦鯉さんが優勝したときも、周りの人よりいち早く涙を流していたぐらいですから、他人の喜びに誰よりも共感できるタイプなのだと思います。

ウエストランドというと、どうしても井口くんに目がいきがちですが、太くんはそれをじゅうぶんわかったうえで、**「コイツがいちばんおもしろい」と真横で言える「ウ**

ソのない人柄」「ハートの強さ」も持っています。

また、少し前の話になりますが、あるライブで出番の本当に直前まで太くんが楽屋から出てこないので、私が様子をうかがいに行ったら、なんと娘さんとニコニコとテレビ電話をしていました（笑）。

思い返すと、井口くんが昼間にピンで仕事をしているときには左官の仕事をして、夜はコンビでお笑いの仕事をしっかりしていましたから、家族のために頑張る**〝昭和のお父さん的な一面〟**を持った太くんを、私はずっと応援し続けています。

三四郎

〝お笑い氷河期〟を熱い想いで乗り越えた「同世代のリーダー」

小宮浩信　相田周二

2013年に『ゴッドタン』の企画「この若手知ってんのか？」の初回に登場して、大ブレークしたのが三四郎さん。K-PROのライブには、それよりも前から出てくれていました。

三四郎さんはウエストランドさんの1つ上の先輩に当たり、同時期に数多くのK-PROライブで競演していました。

その始まりは、先輩の小宮（浩信）くんが、後輩のウエストランド・井口くんを楽屋に連れてきてアドバイスをしたこと。

当時のバトルライブ前にこっそりと、**「これに勝ったら毎月いっしょのライブに出られるから、いいネタを持って来なよ」**と言っていて、そこで実際にウエストランドさんが優勝して、ユニットライブを毎月するようになったんです。

それが、後の入れ替え戦に勝ったモグライダーさんらも加わったりした、「新宿GO!GO!L-IVE」というユニットライブです。

読者の方々にはあまり印象がないかもしれませんが、**実は〝後輩想いの小宮くん〟**なんです。

三四郎さんの世代は、『M-1グランプリ』『エンタの神様』『爆笑レッドカーペット』などが一気に終わった2010年頃の**〝お笑い氷河期〟**で、**本当に葛藤していた**と思います。

そうしたネタ番組が終わったことで、当時のもうひとつ上の先輩芸人さんたちは、「ネタ番組もなくなったし、このままだとどうせテレビには呼ばれないだろう。もうテレビは無理だ」という考えが多勢を占めていました。

そんな先輩芸人さんたちの空気感をすごく敏感に感じ取って、三四郎さんたちは「なんて夢のないことを言っているんだ」と考えていました。

だから、ライブ後の打ち上げの場では、「夢のないことを言ってるぐらいならもっと頑張ればいいのに」のような愚痴を、何度も聞かされました。

新人でイケメンの後輩若手芸人さんたちが、いわゆる陽キャ全開で笑いを取りにいくような姿を見ても、「そんな甘いことをやっててもどうせ壁にぶち当たるんだから」ということも言うんですけどね（笑）。

でも、それだけ**売れることの厳しさをわかっていて、頑張った**ということでもあるわけです。

コンビで芸を高めるのはもちろん、**初めてＭＣをしたのもＫ－ＰＲＯのライブ**

だったはずですし、毎月顔を合わせるユニットライブのメンバーによって〝**相方ではない芸人たちとも笑いを作っていく技術**〟**をすごい勢いで磨いていました。**

さらに、そのユニットライブの後には、三四郎の二人が先導してウエストランド・井口くんやモグライダー・ともしげくんらを連れてよく飲みに行き、「自分たちのおもしろさを深めるための話」をずっとしていたようです。

磁石

お互いに信頼し合える〝K-PROの社外プロデューサー〟

永沢たかし　佐々木優介

磁石さんとのお付き合いはK-PROの立ち上げ直後から始まっているので、かなり長くお世話になっています。

当初の話でいうと、87ページでお話しした「結婚式の2次会の司会の仕事」をたくさんお願いしていたのは、実は磁石さんでした。

ちょうどその頃、三木プロダクションからホリプロコムに移籍する間のフリーの状態だったので、週に3〜4日は会っていたと思います。

そこから、K-PROのライブにたくさん出ていただけるようになったということです。

K-PROライブに出演してくださる**同世代・同期ぐらいの芸人さんたちの中で、磁石さんはリーダー格の存在**です。

「FKD48」というユニット（96ページ参照）がスタートしたのも、磁石の永沢（たかし）さんの発案でした。

また、ライブの楽屋では、〝芸人さんたちと接する際のスタッフのあり方〟など、さまざまなことを教えてくれました。

細かいところを見てくれる方なので、つい最近でも、後輩スタッフらがしたことに注意をしてくれます。「出演者に対して楽屋のイスの数が足りてないよ」「前のライブの出演者のゴミが残ってない？」「ケータリングの並び方が変わったね」など、後輩スタッフらに直接言ってくれてもいいのですが、K-PROの根本のことを考えてくれているからこそ、いまだに私に気づかせてくれるんです。

コロナが始まった頃には、SNSに上げるために楽屋で芸人さんたちの写真を撮ろうとしたときに、「この状態で撮ると『密ができてる』と言われるから、もっと互いに離れて撮ろう」とアドバイスしてくれました。

さらに、**緊急事態宣言の後には、K-PROの支援金を募る活動**までしてくださいました。

私とK-PROとしては、すべてのライブが中止になり、大赤字が確実な状況でも、芸人さん側も困っているんだから〝お金に困っている感じ〟を芸人さんたちに見せられるわけがありませんでした。

そんな私とK-PRO側の気持ちを、永沢さんは汲み取ってくれて、「K-PROの支援の呼びかけ、僕が立ち上げていいですか?」「芸人側からのほうが、K-PROファンのお客様にお願いしやすいし」と連絡が来たんです。

しかも、**支援金に係る手数料などの仕組みを全部調べたり、お笑いファンが支援をしやすい決済方法などまで考えてくれたり**など、率先して動いてくれました。

その結果、**300万円の支援金が集まった**のです。

コロナ禍がどれほど長引くかまったくわからない緊急事態宣言直後の不安の中で、これは本当に大きなことでした。もう、感謝しかありません。

K-PROをとてもよく知ったうえで、「外部からのK-PROの見え方」も長いスパンでいつも意識してくれていて、もちろんこちらも信頼もしているので、**〝K-PROの社外プロデューサー〟**のような感じです。

流れ星☆

20年間、お笑い界の伝統を下の世代に伝えてくれるありがたさ

ちゅうえい　たきうえ

流れ星☆さんには、**K-PROを立ち上げた2004年からずっと、ライブに出演**していただいています。

しかも、K-PROのライブを常にチェックしてくれていて、つい最近でもちゅうえい

さんから、「この開催情報を公開してるライブに、なんで俺らは出れないの？」と連絡がきたりするぐらいなんです。

そしてそのとき、「事務所にオファーはしたんですけど、スケジュールNGだったんです」と私が答えると、「あっ、その日に他の仕事入ってるのか。ゴメンゴメン」と言ってくれたのですが、**改めてK－PROを大切に想ってくださっていると感じました。**

K－PROのライブや、そこに出ている**若手を成長させてくれる**ようなことも、たくさんしていただいています。

昨年（2023年）、若手だけのライブに流れ星☆さんにゲストで出てもらったときの話でいうと、ちゅうえいさんは舞台上で後輩がやらかした失礼な発言にあえて乗っかり、舞台上でボケ合戦に昇華するという〝お手本〟を見せてくれました。舞台裏では、ムードメーカーに徹してくれています。

一方のたきうえさんは、ライブ後に後輩芸人さんたちの失礼なところをきちんと指摘してくれて、「若手に直接言うと怖がるから、児島さんが言っといて」とアドバイスしてくれたんです。

流れ星☆さんの世代の芸人さんだと、マシンガンズさん、磁石さん、タイムマシーン3号さんなどがいて、「昔に先輩から厳しくされたことを今の後輩たちにやるのはかわいそう」「若い子には若い子なりの考えや『好きなお笑い』があるんだから、俺らのことはそんなに気にせず好きにやったらいい」と考えて、〝やさしい先輩〟になることが多いのですが、たきうえさんは少し違います。

先ほどお話ししたように、最近では後輩芸人さんに対しての指摘は私を通すことが多くなったのですが、私自身やK-PROスタッフへの注意などの指摘はずっと厳しいままで、直接言ってくれる芸人さんです。

ただ、誤解のないように言っておくと、決してたきうえさんが悪い人ということではなく、**昭和の時代のお笑い界で先輩から怒られながら教わってきたこと、伝統のようなことを、下の世代に伝えてくれている**ので、あくまでもいい意味での厳しい先輩ということです。もしかしたら、そうした芸人の世界のカッコよさを持った最後の世代の、代表的な先輩なのかもしれませんから、ありがたいぐらいです。

しかも、私が直接怒られたときには、相方のちゅうえいさんがたいてい近寄って来てくれて、「ゴメンね。うちらはずっとK-PROに出るからね」とフォローまでしてくれます。とてもバランスのいいコンビで、すごく尊敬できる先輩芸人さんなんです。

こうした〝スタイルの違い〟から、ちゅうえいさんがたきうえさんに対して、「それは言ったら失礼だろ」と注意する場面もよく目にします。

でも、たきうえさんは、「あれぐらいはっきり言わないとわかんないだろ」と言い返すので、2人はよくケンカしているんですよね。

その様子が、実はトム&ジェリーのように見えて、かなりかわいかったりします（笑）。お2人で「遅刻したらゲンコツというルール」を決めていて、本当に楽屋の他の芸人さんに音が聞こえるぐらいのゲンコツを頭に落としているのですが、周りは「またやってるよ」ぐらいの反応です（笑）。

「自分たちは子どもから大人まで笑わせる芸人になる」という目標をはっきり宣言して、そこに向かってずっと前に進み続けている姿も、すごく尊敬できます。

若い頃のアイドル的な人気が中心だった流れ星さんももちろん知っていますが、それからずっとライブでお世話になっているぶん、お2人についてわかる部分が増えてよかったと思えます。

と同時に、だからこそ尊敬の気持ちも大きくなっていったと考えています。

Hi-Hi　上田浩二郎　岩崎一則
とても頼りになる、K-PROライブ芸人さんの「輪の中心」

K-PROのライブでお世話になっているメンバーで、先ほどお話しした磁石さんの〝さらに少しお兄さん世代〟に当たるのが、Hi-Hiさんです。

テレビ番組などを通しての印象は、一見すると〝能天気な兄ちゃん〟のように映るかもしれませんが、すぐ下の磁石さんや流れ星（現流れ星☆）さんの**後輩世代をうまく引っ張ってくれた芸人さん**です。

芸人としての「いいこと」「悪いこと」「おもしろいこと」を上手に教えてくれたと言えばいいのでしょうか。

そして、特に上田さんは、K-PROライブでの**芸人さん同士のコミュニケーションにおいて、輪の中心にいるような存在**です。

おかげで私自身、上田（浩二郎）さんに何度助けられたことか……。

例えば、ライブのリハーサルをしているとき。

「児島さんが『やろう』って言ってるんだから、1回はやってみようぜ」

「おい、児島さんが呼んでるんだから早く来いよ」

などなど、後輩芸人さんたちにはっきり言ってくれます。

すると、それを見た磁石さんらの後輩芸人さんたちだけでなく、さらに下の後輩芸人さんたちまでが、**その方向性でベストの舞台ができるように動いてくれて、ほんとうにベストのライブが実現**できるというわけなんです。

Hi-Hiさんの世代ともなれば、私やK-PROが育てたわけでもなんでもないのですが、とにかく私とK-PROが望んでいることを率先してやってくれます。

また、ライブが始まった本番中にも、その舞台を円滑に進めることもよくしてくれました。

かなり前の話ですが、お酒OKのオールナイトライブを開催したとき、後輩の芸人さんがべろべろに酔っぱらい、〝使いもの〟にならなくなったことがありました。

するとすぐに上田さんがやって来て、「パンっ！」とはたいた後、「ライブ中にいいかげんにしろよ。そんなんなら帰れ！」ときちんと怒ってくれて。

そして、その後に後輩の芸人さんがMCを予定していたコーナーでは、「あぁ、俺がやるよ」とパッと引き受けてくれたんです。

そういった〝**芸人さんたちがハメを外しそうなライブ**〟では、**間違いなく上田さんがいちばん頼りになる人**です。

楽屋でケンカやもめごとの類いがあったときや、私が芸人さんから〝ちょっと不条理な怒られ方やカラまれ方〟をされている際にも、全部丸くおさめてくれたのは上田さんです。

ちなみに、たった今お話ししたオールナイトライブは、そもそもHi-Hiさんがいちばん忙しかった頃に開催されていて、最初に出演オファーをしたときは事務所から断られていました。理由は、「翌日午前早くから北海道で仕事があるため、前乗りさせたい」ということでした。

となれば、「仕方ないか……」とあきらめかけていたのですが、上田さんご本人が自らスケジュールを考え直してくれて、**「朝の4時までならライブにいられる。そこからタクシーに飛び乗って、成田からの始発便に乗れば北海道の仕事に間に合う」**と、マネージャーさんを説得して出てくれたK-PROライブでした。

それほどまでにK-PROのライブを大切に思ってくださり、「パスタ巻いてる?」でブレイクした『THE MANZAI』の翌年に出された上田さんのご著書の中でも「K-PROさんにお世話になっている」とわざわざ書いていただき、本当に感謝の思いでいっぱいです。

アルコ&ピース
平子祐希　酒井健太

K-PRO内では「男性芸人でいちばん憧れられている芸人さん」

この本でご紹介している「K-PROレジェンド芸人」の中で、**実はいちばん古く**

から知り合いになっていたのが、アルコ&ピースの平子（祐希）さんです。

それは、私が高校生時代、友人から誘われて始めたライブのお手伝いを始めた直後のこと（38ページ参照）。

厳密にいうとお笑いライブではなかったのですが、（ゲームの達人の）高橋名人のトークライブが「LOFT／PLUS ONE」（ロフトプラスワン）であり、そこで司会進行をしていたのが平子さんだったんです。

当時の平子さんは、役者活動とお笑い芸人活動、さらに格闘技もやっていたと記憶しています。

そして、そのイベント主催者の女性からは、「気奈ちゃんがお笑いライブを主催でやるときは、ぜひ平子くんも出してあげてね」と言われていました。

そんなご縁と、K-PROを立ち上げた頃にちょうどコンビを組んだ（アルコ&ピースの前のコンビ「セクシーチョコレート」）**と連絡をいただいたこともあって、『トッパレ』には第1回から出演**していただいていました。もちろん、現在のアルコ&ピースのコンビになってからも、『トッパレ』や『行列の先頭』など、たくさんのライブに出ていただいています。

そういえば、私が初めてテレビ出演したときにもアルコ&ピースさんがいらっしゃいました（107ページ参照）。

平子さんが酒井（健太）くんとコンビを組んだ当初は、お2人の間に5歳の年の差があり、平子さんの弟さんと酒井くんが同年齢ということもあって、〝兄と弟のような関係〟でした。ライブ中のトークコーナーで酒井くんが全然前に出なかったときは、そのことを周りの芸人さんたちはイジっていましたが、平子さんは「しょうがない」と優しくしていたぐらいでした。

また、ライブ前のネタ合わせが嫌すぎる酒井（健太）くんが楽屋から出ていってしまうことがよくあったため、**平子さんが「酒井～、どこ行った～」といいながら捜すのがK-PROライブの楽屋名物**になっていました。

名物といえば、平子さんが楽屋でスタートさせて広げまくるミニコントや、ライブのエンディングで〝告知などしゃべることが特にない芸人さん〟の背中を急に押してから始めるミニコントも、K-PROの名物でしたね。

ただ、平子さんは、根本的には「恥ずかしがり屋さん」なので、「平子さん、おもしろいですね」と言うと、「いや、おもしろくないよ」と返してくるぐらいです（笑）。

また、自分に日が当たりすぎる＝主人公になるのを嫌がり、誰かをおもしろくする〝裏側〟をやりたがります。

もっといえば、**「昔からの芸人としてストイックな平子さん」**は、いつもコントの世界の中に入っているようで、芸人さんたちやスタッフの前で「素の自分」を見せたことはほぼありませんでした。

ですから、例えばテレビのドライブ番組での運転進行役のように、「自然体としての平子さん」が求められる場面では、当初はかなり恥ずかしかったと思います。実際、平子さんとお茶をしたときに、「自分の気持ちを素直に話すのがどうしても苦手で、コント調になっちゃう」と、おっしゃっていたぐらいですから。

でも、**それすらも自然に出せるようになったからこそ、今の活躍があると**

感じていますし、応援もしています。

アルコ&ピースさんは、**現在のK-PROのスタッフや所属若手芸人たちの中で、「男性芸人でいちばん憧れられている芸人さん」**です。

売れる前からなにかあるとK-PROに頼ってくれましたし、単独ライブや、コロナ禍に平子さんが「YouTube」の個人チャンネルを立ち上げるのもお手伝いさせていただいたように、今後もお世話になると思います。

私としては勝手に、**〝頼りになる妹〟のように感じてくれていると考えています。**これからも、どうぞよろしくお願いいたします！

バイきんぐ
実力・努力・ハングリーさを兼備した「ライブシーンのヒーロー」
小峠英二　西村瑞樹

「売れる芸人さんとは、どのような方ですか？」

私がいろいろなインタビューを受けたときに、よく聞かれる質問です。そんなときに私はいつも、「ネタをしているとき、舞台袖に他の芸人さんたちが集まってくる芸人さんです」と答えています。

ひとことで言うと、「袖視聴率が高い芸人さん」ということ。「あのコンビ、今日はどんなネタをやるんだろう」と、芸人さんたちがものすごく気になっている証なんです。

私は、それぐらいのネタをやっていることが、売れるための絶対条件だと考えています。

バイきんぐさんが『キングオブコント』でチャンピオンになった年（2012年）のK-PROライブでの**袖視聴率は、ダントツでNo.1でした。**

そして、ネタはもちろんのこと、フリーコーナーにおいてもしゃべるたびに、お客様にウケ続けていました。小峠（英二）さんに関しては、**どんなに雑なフリでも、むちゃブリでも、絶対にそれ以上の〝おもしろツッコミワード〟で返して大爆笑**をさらっていました。

バイきんぐさんが活躍し始める直前のお笑い界では、〝これからはかわいらしい芸人さんの人気が出る〟という定説ができていたのですが、小峠さんのようなイカつい見た目でも「こんなに爆笑をとるんだ！」と圧倒されたのをよく覚えています。

なにをやっても最後は必ず小峠さんが大爆笑をとる――。

そんな状態がK-PROライブでは毎回のことだったので、**「小峠無双」**という言葉が当たり前に使われていました。

また、賞レースの前のお笑い界では、「今年はあの芸人がスゴいネタを持ってるから優勝候補」のような会話が繰り返されます。

その点、2011〜2012年にかけてのバイきんぐさんについては、誰もが「どのネタをやっても勝てる」と口にするぐらいにおもしろく、K-PROのバトルライブでは連戦連勝の強さでした。

さらに前の話になると、アングラ的なインディーズライブシーンで長く活動されていたのですが、めちゃくちゃおもしろいので、K-PROのかなり若手のライブに1回出てもらったときのこともよく覚えています。

そのときに、K-PROの若手ライブでメインを張っていた芸人さんたちが誰も勝てないぐらいの平場の強さを見せて、**「もっと上のライブ、大きいライブも出していったら、スゴいことになる！」**と確信。K-PROのあらゆるライブに出まくってもらいました。

ほかにも新ネタを毎月10本下ろすライブも行い、バイきんぐさん、特に小峠さんのコントに対する熱の入れ方は超ストイックでした。

こんなふうに苦労をしていたことがあり、**ハンパじゃない実力と努力とハングリーさで駆け上がっていく〝生き方が芸人〟**の小峠さんのバイきんぐさんでしたから、2012年の『キングオブコント』本番ではライブシーンの関係者が皆応援していました。

そして、前述したような大本命の期待の中で見事優勝されたのですから、私はバイきんぐさんを**「ライブシーンにおけるヒーロー」**だと感じています。

『キングオブコント』で優勝した2日後には、ウチの看板ライブ『行列の先頭』に出てくださいました。私としては、この年に絶対優勝すると信じていたので、随分前からオファーを出し、出演を決めてもらっていたんです（笑）。

当然、優勝凱旋ライブの空気に満たされ、楽屋も客席も大盛り上がりでした。

さらに以降も、優勝によって超多忙なスケジュールの中、K-PROのライブには定期的に出ていただきました。そして西村（瑞樹）さんはずっと変わらず、スタッフたちにフランクで優しい接し方を続けてくれました。

小峠さんは今も、スパローズの大和（一孝）さんとのトークライブ『ヤマトウゲ』を「ナルゲキ」で毎月やっていただいています。

サンドウィッチマン

伊達みきお　富澤たけし

後輩出演ライブをお忍びで観に来てくれるほどの後輩想い

私は学生時代、小さな劇場でまだ3人組だったサンドウィッチマンさんが出演されていた舞台のお手伝いをしたことがあります。

そのときは、単なるお手伝いの1人だったので、サンドウィッチマンさんに話しかけるなんてことは当然せず、一方的に「見た目が怖い感じの芸人さん」という印象を抱いただけでした。

その後、きちんとお話しさせていただき、私の存在も認識していただいたのは、K-PROを立ち上げてからのことです。

それは、サンドウィッチマンさんが現在のコンビになり、今のグレープカンパニーという事務所に所属する前の事務所（フラットファイヴ）から、「事務所ライブを盛り上げてほしい」と頼まれたことがきっかけでした。

そのライブ制作にK-PROが入り、よく顔を合わせるようになったことで私を認識してくれて、**会うたびに「いつもありがとね」と丁寧にお礼を言ってくれていました。**

その後、2007年の『M-1』で優勝する前は、「銭湯の上にある劇場で行われていたお笑いライブ」をはじめ、それぐらいの〝小規模のライブ〟に何回か出ていただきました。

さらに後の『M-1』優勝、『キングオブコント』準優勝（2009年）などの大活躍は皆さんがご存じのとおりですが、あれほどビッグになった以降もずっと、K-PROのライブに出ていただけるときは香盤表を観ながら、「今日の主役はこの芸人でしょ」など、気さくに話してくださいました。

何度も出演していただいたK-PROライブの中で特に思い出されるのは、**2010年9月の『行列の先頭18』。**

このときは、大阪からのゲストとして千鳥さん、さらにその年の『キングオブコント』に優勝したキングオブコメディさんにも出ていただきました。そして舞台上で、その2組のトークコーナーをやったときのことです。

正直にいうと、それまでに千鳥さんとキングオブコメディさんの共演がほぼなかったため、トークがいまひとつスムーズではなかったんですよね。

すると、それを観ていた伊達（みきお）さんが、**「児島さん、俺、ここに出て行ってもいい？」と言ってから舞台に上がり、2組の間を取り持つように仕切ってすごく盛り上げてくれた**んです。

こんなこと、めったにありません。

お客様は、びっくりしつつも大喜びです。

さらに、このライブの大トリは、当然のようにサンドウィッチマンさんに決めていたのですが、まだライブ中に伊達さんが笑いながら、「キングオブコメディは凱旋ライブなんだから、トリを回してあげてよ」というやさしさも見せてくれました。


近年のことでいうと、**K-PROのライブを急にお忍びで観に来てくれたりしています。**

昨年（2023年）も、事務所の後輩が出ているK-PROライブのとき、急にマネージャーさんから電話があって、「今から伊達が観に行くと言っているので、よろしくお願いします」と。

後で聞いたところによると、地方からの営業帰りでぽっこり時間ができたとのことでした。

そして、お客さんが30～40人しか入っていないライブのいちばん後ろの席で観ているので、舞台上の若手はライブ中に、「あれっ、もしかしてサンドさん来てる!?」と楽屋がザワついてきて（笑）。

さらにライブ後には、私のところに来て、**「こういう若手ライブをやってくれて本当にありがとね」と言いながら、打ち上げ代をポンと渡してくれる**んです。

富澤（たけし）さんも、K-PROのライブに出ていただいたときはいつもニコニコしていて、やはり後輩芸人さんと楽屋では仲よくしゃべってくれています。

サンドウィッチマンさんが身をもって示してくれている〝後輩・若手の芸人さんを想う気持ち〟を、これからも見習って努力を続けていかなければと感じています。

エルシャラカーニ

若手芸人のお父さん的な先輩は、もはや〝K-PROの顔〟!?

セイワ太一　山本しろう

エルシャラカーニさんには、K-PROの立ち上げ直後から、実に多くのライブに出演していただきました。そして現在も、出ていただいています。

昔からのお笑いファンなら、『M-1』での準決勝進出や、『THE MANZAI』での決勝進出からの認定漫才師選出を覚えている方も少なくないはず。

また、数年前のテレビ番組『人志松本の○○な話』(フジテレビ系)」の中で、オードリーの若林(正恭)さんが松本(人志)さんにエルシャラカーニさんを紹介した際、「こんなにおもしろいのにM-1行けないんや」と言われたぐらい、おもしろいコンビ芸人さんです。

浅草の漫才協会にも入られたので、そちら向けの**10~15分のネタだけでもいいところを、K-PROライブ向けの4分のネタも今でも作ってくださる**ので助かっています。

また、特にセイワ(太一)さんには、芸人さんとして舞台に立ってもらうだけでなく、週1~2回ほどK-PROの事務所に来てもらい、所属芸人のネタを観てもらっています。所属事務所のサンミュージックでも、ネタ見せなどで若手を育てる講師をしているのですが、それと同じことをK-PROでもしてくださっているのです。

もう、**関東の若手芸人さんにとっては、お父さん的な先輩というか、必ず一度は通る〝お笑いの関所のような存在〟というか……**。

実際、K-PROでは過去に、セイワさんを「若手芸人さんたちのお笑いの師範」に見立てた〝道場のようなライブ〟をやったぐらいです。

さらに、私が毎月1回出ているニコジョッキーという番組でも、隣にいてお笑いの話をしている相手はセイワさんです。

コロナ禍にK-PROが始めた「Zoomトークライブ」でも、毎日2時間配信のすべてに出ていたのは、私とセイワさんだけでした。

K-PROのスタッフで表に顔を出しているのは私だけなので、もしかしたら**セイワさんは、私と同じく〝K-PROの顔〟になっているぐらい**かもしれません。

こうして、「リアルタイムのライブ事情」と「昔からのお笑い」を熟知し、なおかつK-PROのこともよくわかってくださっているので、剛柔あわせ持った観点から「K-PROはこうあるべき」という意見もはっきり言ってくれます。

本当にありがたい存在です。

と、ここまでの話だと、読者の方がたはセイワさんに〝すごくしっかりしたカタイ人〟

という印象を抱くかもしれませんが、そんなことはありません。

セイワさんの見た目も相まって、若手芸人さんたちも緊張しながらしゃべるのですが、意外とポンコツなかわいらしいところもあって、ウエストランドの井口くんやHi-Hiの上田さん、磁石の佐々木さんなどがそのあたりをバラし始めています（笑）。内面は本当に優しい方なので、嫌いな人なんて1人もいないと私が断言できます。

だからこそ、**若手芸人さんたちは、なにか嫌なことあったり、相談ごとがあったりしたら、結局は楽屋の中でセイワさんに話を聞いてもらっています。**

そして、お笑いを始めたばかりの若手からの「『M-1』の1回戦って、どうやったら勝ち上がれますか？」という質問にも、すごく真摯にアドバイスをされているんです。


相方の（山本）しろうさんは、「東京芸人最高のムードメーカー」と言っても過言ではありません。

K-PROライブの出演メンバー一覧にエルシャラカーニさんがいると、そのライブに出演する他の芸人さんたちが一覧表を見た瞬間、「おっ！　今日はしろうさんいるんだ！」と、うれしそうにしているほどです。

しかも、しろうさんは、いつもトボケているキャラではありますが、**舞台裏ではすごく気遣いをしてくれる方。**オールナイトライブなど長丁場のライブのときは、「児島さん、疲れてないですか？」「スタッフさんたちは休めていますか？」と、いつも優しく心配してくれます。

しかも、そうした言葉を、こちらにとって本当にうれしいタイミングで言ってくれるので、実はしろうさんのおかげで乗り切れたライブがけっこうあるぐらいなんです。

さらに、**記憶力も抜群です。**

何年も前にやっていたコーナーをリバイバルさせようと相談したときなんて、当時のそのコーナーのことを、私やスタッフ以上に鮮明に覚えていてビックリ！　しろうさんの記憶をもとに、「そのコーナーがどうやって盛り上がっていたか」という細かいところまで思い出したりしていました。

今、テレビで大活躍中のK-PROレジェンド芸人さんたちにとって、**しろうさんの難解なボケを経験してきたことは、〝なにがきても返せる〟という自信につながっているよ**うな気がします。

ちなみに、そんなしろうさんと、『トッパレ』でMCをしてくれているスパローズの森田（悟）さん（K-PROライブ歴代最強MCです）との絡みはめちゃめちゃおもしろいので、機会があればぜひご覧ください！

モグライダー
K-PRO史上屈指のMC力！　そして、あのライブの終了は……
芝大輔　ともしげ

モグライダーさんとのお付き合いもかなり古く、お2人がコンビを組まれた3年後（2012年）からだと思います。

K-PROのライブに初めて出ていただいたのは、若手芸人さん50組が集まり、お客様からの得票で格付けを行うというバトルライブをしたとき。**三四郎の小宮くんが「モグライダーっていうコンビがおもしろいですよ」**と教えてくれて、そのライブに出演してもらったんです。

そうしたら、いきなり優勝！

そうして、当時のK－PROで最も大きいスペシャルライブにすぐ出てもらうようになりました。

当時の芝（大輔）くんは、現在のようにメガネはかけていましたが、前髪を下ろしていて、ちょっと知的な印象も受ける〝好青年なお兄ちゃん〟風のスタイル。一方でともしげくんは、裸足に短パン、赤いTシャツ姿が基本で、〝野獣キャラ〟のような感じでした。「新しいキャラのコンビが出てきてくれた」と思いましたね。

また、そんな当時のともしげくんは、お笑いを観ることがすごく好きで、かなり詳しく、賞レースの準決勝などをお金を払って観に行ったりもしていたそうです。

K－PROのライブでもいつも少し早めに来て、他の若手芸人さんのネタを舞台袖から観たり、いろいろなコンビにどんどん話しかけたりしていました。

『ロンドンハーツ』（テレビ朝日系）の「性格悪いけど面白い芸人GP」で優勝したときには三四郎の小宮くんから「ともしげは人の不幸や失敗が好き」と暴露されていましたが、実は本人が失敗することも多く、**K－PROライブの楽屋ではよくイジられていました。**

ともしげくんは、純粋に誰にでも気を遣わないタイプなので、他のコンビがウケていない状況をはっきりと「ウケていない」という言葉にしてしまうから、〝大人の言葉の選び方〟ができないだけだと思います。

ともしげくん本人がTwitter（現X）で報告していたように赤ちゃんが生まれた後、イベントで1年ぶりぐらいに会ったときなんて、**ひとこと目に「児島さん、結婚しないいんですか？」と。さらに追い討ちをかけるように、「結婚はいいもんですよ」と。このご時世に（笑）。**

そのことを、いっしょにイベントに出ていたウエストランドの井口くんにすぐ報告すると、「俺と児島さんに結婚の話題は禁句だからな！　どんだけデリカシーがないんだよ！」と言ってもらいました（笑）。

先ほどお話しした、K-PROライブで舞台袖から観ているときも、楽屋に置いてあったカップラーメンを持ってきて食べながら観ていたり、芸人さんの表情をもっと見たいという理由で舞台袖から顔が出て、お客様から丸見えになってしまったり……。

なんだか、子どもがそのまま大人になってしまったようなところがあって、なおさら芸人さんたちからイジられやすいのだと思います。

芝くんのほうは、昔よく着ていた衣裳の白いジャケット、しかもワンサイズ大きめで肩パッドが目立つ白ジャケットの印象がけっこう残っています。皆が「吉川晃司だ」って言ってました（笑）。以降は、皆さんもよくご存じのとおり、おしゃれに磨きがかかりましたが。

そんな芝くんに感謝していることはいくつもあるのですが、**まずはK－PROのライブで抜群のMCをしてくれた**こと。若手はもちろん、先輩の芸人さんたちもすべておもしろくしてくれて、もう**天才レベルでした。K－PROの歴史の中でも指折りのMC力**を持った芸人さんです。

その噂は大阪まで広まっていて、芝くんについて**見取り図さんから、「東京にスゴい人がいるんですよね」と言われた**ぐらいです。

最近は、その力をテレビでも発揮しているシーンを観られますし、私からは〝もっと上に行ってやるぞ〟といった雰囲気も感じられるので、本当にうれしく思っています。

また、K－PROライブでは**すべての打ち上げに必ず参加して、お酒を飲めないのに最後までいてくれた**ことにも感謝しています。

なんなら、自分たちの出番がない日でも、ライブに何回も来てくれて、打ち上げにも参加してくれていました。

おそらく、地下芸人的なころからスタートしていることをちゃんと大事にしているからこそ、その当時の仲間も、今の若手で人気の出ていない芸人さんたちも大事にするという姿勢を取っているのだと思います。

また、そのように芸人さんを好きなうえに、打ち上げの場にいると〝おもしろい話が聞ける〟〝おもしろい話（エピソードやネタ）も作れる〟とも考えているかもしれませんね。

最後に、もう1つ。この本に出てくる**「K―PROレジェンド芸人」の間でもほとんど知られていない事実を初めてお話しします。**

135ページでもお話しした「新宿GO！GO！LIVE」という人気のあったユニットライブが終わったのには、モグライダーさんが深く絡んでいるんです。

メンバーが忙しくなってきたこともあり、なかなか開催が定期的にできなくなっていたため「新宿GO！GO！LIVEがピンチ」という回があり、**「続けたいか続けたく**

ないか」を芸人さんたちにボール投票で決めてもらうという企画をやったんです。

その投票は、芸人さんが、持っているボールを箱の中にこっそり入れ、最後に舞台上で箱を開けて「1つでも続けたくない側にボールが入っていたらこのユニットライブは終了」というルールでした。

そして、中で二手に分かれている箱の「どちらにボールを入れるか〜!」といった〝お約束〟がひととおり終わった後、いざ箱を開けてみると、続けたくない側にボールが2個入っていたんです。

そのうちの1個を入れたのは、ともしげくんでした。

それは他の芸人さんたちも、そわそわしているともしげくんの様子からすぐにわかって、理由を聞かれると、もう1つのユニットライブ(モグライダー含む3組で開催して人気があったライブ)と比べて芸人の数が多く、自分が目立てないからという理由を白状していました。

ただ、もう1つのボールについては、誰が入れたのかその場ではわからないまま終わってしまいました。ウエストランドの（河本）太くんが〝有力視〟されていましたが、本人は否定していたし、結局わからずじまいだったんです。

実は、その**もう1個のボールを入れていたのは、芝くん**でした。

その理由が、**「ともしげはきっと入れるとわかったから、コイツだけにできない」**ということ。そうやって相方を常にカバーするコンビ愛を感じさせてくれる芝くんは、やっぱりカッコいいと思います。

令和ロマン　髙比良くるま　松井ケムリ

学生時代からプロ顔負けのネタを披露し、K-PROライブで大活躍

K-PROのお笑いライブに出るのは、プロの芸人さんだけではありません。アマチュア・学生の芸人さんたちが出るライブも長年開催しています。

代表的なのは、出場資格を16〜22歳という年齢に設定している「レジスタリーグ!」というバトルライブです。

そして、その「レジスタリーグ！」で大活躍していたのが令和ロマンさんです。

すでによく知られているとおり、令和ロマンのお2人は、大学のお笑いサークル出身のコンビです。

ただし、今のコンビを組む前＝**それぞれが別々の相方と組んだコンビのときからK-PROのお笑いライブ「レジスタリーグ！」に出てくれていて、その時点からほんとうにおもしろかった**んです。

「大学生でこれはスゴいな」と感じたことを、今でもはっきり覚えています。

そして、特に（松井）ケムリくんが組んでいたコンビは、バトルで優秀な成績を残していました。

同世代の学生芸人出身のコンビで、今も活躍している芸人さんとしては、ラランドさんやGパンパンダさんなどもいるのですが、この世代の芸人さんたちには「バトルライブに強く、勝ち負けに熱くなる魂を持っていた」という印象があります。

その後、それぞれのコンビが解散し、（髙比良）くるまくんとケムリくんが「魔人無骨」

というコンビ名（当時）で組むことになったわけですが、「次は僕たち2人のコンビで出ます」と聞いたときには、ワクワクするような気持ちになったことを覚えています。

ご本人たちに言ったことはありませんが、**「この2人が組むなら完璧じゃん！敵なしじゃん！」**と思ったんです。

実際、プロ顔負けのネタをバンバン出してきて、「レジスタリーグ！」では敵なしでした。

さらに、「レジスタリーグ！」の優勝特典には「プロも出るライブの出場権」があったのですが、そうしたライブ（「いぶき」「若武者」など）に出ても引けを取らない活躍を見せていました。

こうして、大学の学生お笑いの枠を超えた〝外での経験〟を積み、プロの芸人さんたちに直接触れることで意識も高まり、さらにスマホやパソコンを駆使してインプットの量も増やしていくことで、さらにおもしろくなっていったような気がします。

大学を卒業して養成所に通い、プロの芸人さんになってからも、K－PROのライブにはほんとうによく出演してもらっていました。K－PROの舞台で、ラランドさんとユニットライブをしていた時期もありました。

最も頻繁にK-PROライブに出てもらっていた時期には、週に3～4回は出てもらっていたと思います。主催者としてはうれしいかぎりで、感謝しかありません。

お2人のキャラクターも、とても魅力的です。

くるまくんは、学生のときもプロになってからも、ライブの主催者が求めていることをしっかり理解して動いてくれて、同世代の皆を引っ張って行くリーダー的な力も持っているタイプ。

さらに、ウエストランドの井口くん、ストレッチーズ高木くん、ママタルト檜原くんらの先輩たちとお笑いについてよくしゃべっていたり、舞台袖で他の芸人さんのネタをよく見ていたりと、研究熱心なイメージもあります。

ケムリくんのほうも、ドッシリ構えているかと思いきや、打ち上げの飲み会に必ず参加するなどして先輩たちからかわいがられるなど、意外と（？）芸人っぽい雰囲気を昔からまとっています。いつの間にかどこかの芸人さんの輪の中にいるという、けっこうかわいげのあるタイプだと思います。

そんなお2人がM-1優勝後、『M-1グランプリ2023 アナザーストーリー』（朝日放送テレビ）という密着ドキュメンタリー番組に出演され、私も「以前からお世話になった人」として出させていただきました。

優勝直後にLINEのやり取りは何度もしていたのですが、優勝後に直接会ったのはその撮影のときが初めて。カメラが回っていないときには、**「K-PRO芸人で3連覇ですね」と、ありがたい言葉をかけていただきました。**

令和ロマンさんの所属は、もちろん吉本興業さんです。ただ、K-PROのライブ出演も1つのきっかけになってプロになり、K-PROライブで仲間や先輩たちを見て勉強し、いっしょに切磋琢磨してきたことなどを踏まえて、その言葉を言っていただけたのだと思います。思わず泣いてしまいそうになるほど、うれしい言葉でした。

今後はおそらく、テレビの新番組などを引っ張っていく側にどんどんなっていくと思うので、とても楽しみにしています。令和の時代、新時代の視聴者の皆さんに向けて、〝自分に近い世代の最高のお笑い〟を見せ続けていってください！

コント村

「喫茶店での会話」がK-PROライブ&テレビ番組にまで発展！

元ゾフィー／上田航平　ハナコ／秋山寛貴
かが屋／加賀翔　ザ・マミィ／林田洋平

「コント村」とは、とにかくコントが好きな同世代の芸人さんたちが、お茶をしながらコントの話をしていた〝集まり（＝村）〟のこと。参加していたメンバーは、ハナコの秋山（寛貴）くん、かが屋の加賀（翔）くん、元ゾフィーの上田（航平）くん、ザ・マミィの林田（洋平）くんでした。

この世代の芸人さんたちはお酒を飲めない（飲まない）人たちもけっこういるので、ライブ終わりでも「飲み会」ではなく「食事会」をすることは珍しくなかったのですが、コント村のメンバーたちは**新宿の喫茶店で午前中に集まっていました。**

それを知ったとき、「私もコント好きだよ」と言ったら、お呼ばれするようになったんです。

〝コントが好きすぎる人たち〟が集まっていたのですから、そこで話されていたのはもちろんコントの話。「こんな設定はどう思う？」「こんな展開もいけるよね」という現在進行形の話もあれば、私からは昔のシティボーイズさんやジョビジョバさんのコントの話をしたりしていました。

そこでの話が抜群におもしろかったので、2018年、**そうした話をそのまま、K-PROの舞台でトークライブとして開催したり、芸人さんたち4人でコントを行ったりしました。**もちろん、お客様からも大好評でした。

その直後、ハナコが『キングオブコント』で優勝したこともあってか、コント村の企画はテレビで『東京BABY BOYS 9』(テレビ朝日系)というユニットコント番組になっていました。

喫茶店での話がライブになり、さらにテレビ番組にまでなると、ある意味でゴールを迎えたことになります。

もちろん、ライブから「これはテレビ番組になる」と見つけてもらったのはいいことなのですが、そうなるとさまざまな大人の事情が絡み、芸人さんたちが本当にやりたいことをできなくなるケースもあります。しかも、それで番組としてあまり続かなかったら、ちょっともったいないですよね。

ですから、コント村のことを思い出すと、ライブ主催者の私としては、「テレビ番組にできるぐらいおもしろいことはライブシーンでいっぱいあるんだから、テレビ番組になる前からライブの魅力をもっと感じてくれたらいいな」と、感じたりもするんです。

と同時に、いいものは芸人さんたちの頭の中や、リアルなライブシーンから生まれるものなので、あのときのように**「芸人さんたちと顔を合わせていれば、そのぶんだけおもしろいものがどんどん生まれてくる」**ということを忘れずにいなければと考えます。

ちなみに、K-PROでのコント村のライブが一気に人気になった頃、それを知ったウエストランドの井口くんは、「コントの話をするだけでなにがおもしろいんだよ」と言いながら、自分の周りの芸人さんたちを集めて「漫才町」というユニットを考え、漫才についてしゃべるトークライブをやっていました（笑）。

でも、それが発展して、今も開催されている「漫才工房」というユニットライブの始まりになったんです。

コント村にしても、漫才町にしても、**「鉄は熱いうちに打て」**のことわざさな

がらに、おもしろい熱があるうちにすぐ形にして成功しました。

芸人さんから「やりたい」と言われたときは、すぐに動き、できる限り実現させようと心に決めている次第です。

[第 4 章]

K-PRO
レジェンド芸人への感謝

【ほっこり・気づき・喜び】編

マシンガンズ

私の芸人時代にライブで共演！「軍団」に入れてくれた亮兄さん

西堀亮　滝沢秀一

すでにお話ししたように、私は高校3年生のときからお笑いライブのお手伝いを始め、約3年間は芸人として舞台にも上がっていました。**その初舞台（1999年）でいっしょだったのが、マシンガンズさん**です。

20代半ばだったマシンガンズさんは、若くてスマートでイケメンのルックス。同時期にお笑いライブのお手伝いをしていた仲間の女の子は、「マシンガンズさんってカッコいい！チョ～カッコいい！」と、ことあるごとに言い続けていました。

私のほうは、芸人さんを〝イケメン扱い〟するのが好きではなかったので、「そういう言い方は芸事をする人に失礼だよ」と諭していたのですが、今思えば、確かにカッコよかったです。

当時のマシンガンズさんの芸風・漫才のスタイルは、皆さんもよくご存じの〝速めのテンポでツッコミを連発〟ではなく、ひとことで言うと〝正統派の漫才〟。

でも、やっぱり華があって、ちょっとした大人の余裕のようなものも感じられて、ネタ合わせをしているときの後ろ姿は特にカッコよかったと思います。

その後、裏方（ライブのお手伝いスタッフ）でも表方（芸人やMCアシスタントの活動）でも、マシンガンズさんとごいっしょする機会がかなり多く、**西堀（亮）さんのことはスタッフみんなと同じように「亮兄さん」と呼ばせてもらう**ようになりました。そして**西堀さんのほうからは、「コジ」と呼んでいただけるようにもなったんです。**

ライブ後の打ち上げにも参加させていただきました。

当時のマシンガンズさんはそんなにお金がなかったはずですが、若手ライブでは先輩の位置になることがほとんどで、必ず皆にご馳走していました。

そんなある打ち上げのとき、面と向かって**「コジも西堀軍団の一員だから」**と直接言ってもらえたのは、心の底からうれしかったですね。

「芸人さんの中で仲間にしてもらえた！」という感覚を、生まれて初めてくれた人は西堀（亮）さんです。

それから数年が経ち、K-PRO立ち上げ後の主催ライブにマシンガンズさんをお呼びしたとき、西堀さんは共演した芸人さんたちだけでなく、私を含めた「K-PROのスタッフ全員」まで打ち上げに誘ってくれました。

芸人さんのほうから、スタッフ全員を打ち上げに誘ってくれたのは、このときが初めてです。

その後も、何度か打ち上げに参加させていただきました。

そして何回か、「今日のライブの主催者なんですから、打ち上げ代を出しますよ」と西堀さんに言っても、**「いや、こういうところぐらいカッコつけさせろよ」**と毎回言われて、いつも全部払ってくれるような方です。

と、打ち上げの話ばかりになってしまいましたが、K-PROのライブに多数出ていただいていることにも、当然ながらとても感謝しています。

また、マシンガンズさんに関しては、「うれしい」という感情もわき上がってきます。

それは、123ページでもお話しした『THE SECOND』での準優勝のこともあるのですが、〝昔からよくしてくださった先輩〟だからだと思います。

私が初舞台に上がった頃に活動していた芸人さんたちのほとんどは、なんだかんだで辞めたり引退されたりしています。

そんな中で、**今も大活躍されていて、しかも身近にいてくれている**ことが、本当にうれしいんです。

ハナコ

秋山寛貴　岡部大　菊田竜大

トリオ結成後はバトルライブで連勝！「絶対に売れる」と確信

現在のトリオのハナコさんになる前＝**秋山（寛貴）くんと菊田（竜大）くんのコンビ「ウエストミンスター」の頃から、K－PROの超若手ライブに出演**してくれていました。

その頃、秋山くんに対しては、「『いつも泣きそうな顔』『困ったような表情』をしている少年みたいな子がいるなぁ」と思い、その点をすごくほめていました。

なぜなら、舞台上でそうした顔つきをいつでもできるのですから、それだけで人を笑わせられる〝武器〟になるのです。ご本人にも、「オラオラ系の顔が多い芸人さんたちの中、なんならセリフすらなくても〝負ける顔〟〝負ける役割〟を舞台上で自然とできるのは、すごくいいところだよ」と言っていました。

岡部（大）くんが加入し、トリオ名をハナコにしてからは、とにかくコントがおもしろく、K-PROのバトルライブで次々と勝つようになっていきました。

そこで、K-PROでの出演歴が1~2年ぐらいの若手たちが組む、『エイトクラベル』というユニットライブの中に入ってもらったんです。

そのユニットメンバーには、トンツカタンさん、ストレッチーズさん、まだ大学生だった東京ホテイソンさんなどがいました。

そのユニットライブでも、ハナコさんのコントは抜群。

ただ、コント師だからこそというべきか、おとなしめの性格の3人だからというべきか、当時は平場のトークがとにかく苦手のようでした。

ライブ最終盤の「最後にひとこと!」の場面では、岡部くんはなにも言えなくて立っているだけ、菊田くんはずっと笑っているだけとか……。

秋山くんにMCを任せてみても、なかなかうまく回せず、周りの芸人さんたちのボケをうまく止めて進行できない……。

でも、**「ネタがあんなにおもしろいんだから絶対に売れる」**と信じ、秋山(寛貴)くん本人にも**「絶対にMCをできるようにしといたほうがいいよ」**と言い続け、その後もMCを任せました。

そのユニットには、トンツカタンの森本(晋太郎)くん、ストレッチーズの高木(貴太)くんという「MCのうまい芸人さんたち」がいたので、彼らがMCをするときは隣で学んで、「自分なりのやり方」を見つけ、「だんだんわかってきました」と言ってくれるほど手応えを感じていったんだと思います。

その頃には、岡部くんや菊田くんの活躍も目立っていました。

そして、この世代の雰囲気とノリを生かした『エイトクラベル』は、理想どおりに芸人さんたちが兄弟のようになり、お客様もついてきて、人気のライブになっていきました。

その過程で、2018年、ハナコは『キングオブコント』のチャンピオンになったのです。

実は、その**『キングオブコント』決勝の音響オペレーターは、私がTBSに行ってやらせてもらったん**です。

そうした縁もあって、ハナコさんがどんどん活躍の幅を広げていくのがうれしいのはもちろん、それで『エイトクラベル』のユニットメンバーにも勢いがついて結果が出てきていることに感謝もしています。

アンガールズ

あんなに売れているのに礼儀正しく丁寧な芸人さんはいません！

田中卓志　山根良顕

アンガールズさんは、K-PROの看板ライブである『行列の先頭』には何度か出ていただき、ともに「なかのZERO大ホール」で満員になった約1300人をわかせていただきました。

そして昨年（2023年）の8月には、**私たちの念願がついに叶って、〝K-PROの本拠地〟である「西新宿ナルゲキ」でのライブにも出演**していただきました。

それは、所属事務所（ワタナベエンターテインメント）の後輩＝ゼンモンキーさんの冠がついたコント寄席ライブでした。

アンガールズさんは、私をはじめとしたK-PROスタッフにとても礼儀正しく挨拶してくださいます。しかもそれは、初めてお会いしたときも、昨年お会いしたときも、変わることがありません。

「ナルゲキ」の楽屋では、5年前のライブのお礼を改めて言ってくれる。また、そのときも含めたすべてのライブで、「いつもウチの若手がお世話になってます。ありがとうございます」と言ってくれる――。

あれほど売れている芸人さんで、**アンガールズさんほど礼儀正しく丁寧に接してくださる方は、そうそういません。**

お笑い業界にいる方には、〝若手芸人のライブといえばK-PRO〟という認識を持ってくれている人は多いと思います。

しかし、初めてお会いしたときから、真っ先に後輩芸人さんたちのお礼を言ってもらえるとは思っていなかったので、少しびっくりしたぐらいです。

それほどまでに**〝後輩芸人さんたちとK-PROのつながり〟を大切に感じてくださっている**であろうことに、こちらからも改めてお礼申し上げます。

また、所属事務所に関係なく、すべての若手芸人さんたちと交流してくれるのも、ライブ主催者としてはありがたい限りです。

率先して若手と交流してくれる先輩芸人さんは多いのですが、アンガールズさんの場合は、「自分たち以外はすべて若手」「ほかの事務所の若手も多い」という状況だった昨年8月のライブでのリハーサルにも、通しで参加してくれました。

それは、全員で場当たり（立ち位置、音響・照明などのきっかけ、全体の段取り・流れなどをフルで確認する舞台稽古）をすることになったとき。

「アンガールズさんは全部のきっかけなどを既に聞いていますから、（参加されなくても）だいじょうぶです」

K-PROのスタッフがそう言うと、お2人がそろって、

「場当たり？　行く行く！　行きますよ。行かせてください」

そうした芸人さんをありがたく思わない主催者なんて、この世にいません。

現在のK-PROでの私の相棒・松本は、約20年前の芸人時代、アンガールズさんと同じライブに出演していたそうで感慨深そうでした。今後も、どうぞK-PROをよろしくお願いいたします！

東京03

「超楽しいよ〜」と出演を喜んでくれた笑顔、忘れられません！

飯塚悟志　角田晃広　豊本明長

K-PROのメインのライブ『行列の先頭』に出ていただいた歴代の芸人さんたちの中で、**いちばん大きいリアクションで出演を喜んでくださったのが、東京03さん**です。

東京03さんが初めて『行列の先頭』に出てくださったのは、2008年1月の『行列の先頭10』です。

読者の方の中には、「あれっ!?」と思った人がいるかもしれません。

そう、そのときの『行列の先頭』が、従来よりも会場・内容などを大きくグレードアップしたライブだったことは90ページでお話ししていましたよね。

そこに東京03さんに出ていただいたとき、飯塚（悟志）さんと私はこんな会話をしたんです。

「ちょっと、児島さん！　なんで俺らを呼んでくれたの？」

「それはもちろん、お三方で組まれている東京03さんがおもしろいからですよ」

「いや〜、俺、こんなにすごい豪華なメンバーといっしょのライブに出られると思わなかった〜！」

「楽しいよ。超楽しいよ〜！」

現在の飯塚さんといえば、コントの神様・先生・カリスマのように思われていますが、このときの飯塚さんはとにかくハイテンションで、**その表情はまるで〝童心に返ったコント大好き少年〟のよう**でした。

そして、それまでのどんな芸人さんでも見たことがないぐらいの喜び方をしてくださったんです。

そんな飯塚さんの姿で、私のテンションもめちゃくちゃ上がったのは言うまでもなく、「こんなに喜んでくださるなんて」と本当にうれしかったことを今でもアリアリと思い出します。

東京03さんが『キングオブコント』で優勝したのは、その翌年の2009年に行われた第2回大会でした。しかも、そのときにチャンピオンの座を争っていたのが、やはり私とK-PROがお世話になっていたサンドウィッチマンさん（156ページ参照）。

そんな〝私的事情〟もあって、とっても感慨深い優勝でした。

もっと言うと、お笑い業界・芸人さん界隈を中心に広まった**〝K-PROライブの出演メンバーは『キングオブコント』に強い〟という話の始まりは、この第2回大会での東京03さんの優勝から始まっている**気もしています（その後、第3回大会優勝＝キングオブコメディさん／第5回大会優勝＝バイきんぐさん／第6回大会優勝＝かもめんたるさん／第7回大会優勝＝シソンヌさんと、K-PROライブ出演メンバーの優勝が続出）。

あくまでも賞レースの結果で、優勝することがすべてなんてまったく思っていませんが、やはりうれしいものはうれしいですね。

今後も、あのときの飯塚さんのような表情を多くの芸人さんたちから見せてもらえるように、K-PROのライブを作っていきます！

Aマッソ　加納　むらきゃみ

向上心・芸人としての芯が強く、「憧れの女性芸人No.1」

今の女性の若手芸人さんたちにとって、「私もあんな女性芸人になりたい！」という**「憧れの女性芸人」になっているのがAマッソさん。**

その人気はダントツです。

また、正確なアンケートをとったわけではありませんが、女性のお笑いファンからの人気も高いと思います。男性のお笑いファンからの人気ももちろんありますが、同性の女性からの人気がかなり高いことは間違いありません。

芸人さんたちから憧れられたり、ファンの人たちから人気が高かったりするのは、男性が多いお笑い芸人さんの世界の中で「女の子だからかわいい」という理由もあるでしょうが、やはり**いちばんの理由は「ネタが純粋におもしろく、観ていてスカッとさせてくれるのでカッコいい」**ということではないでしょうか。

また、近年のAマッソさんを観ていると、**「やっぱり笑っちゃうよね」というパワー**を感じますし、**明るい気持ちにさせてくれる笑顔**も輝いています。

そうした空気感・存在感のようなものが、時代的に求められているような気もしています。

別に、〝お笑いが時代に寄っていく〟という必要はないと思います。

ただし、〝時代がお笑いに求めるものが微妙に変わっていく〟ということはあるはずです。

その点で、ご本人たちはいっさい意識していなくても、時代に合っている女性芸人さんになっているのだと思います。

実は、K-PROのライブに芸人として出る前から、ウチの看板ライブである『行列の先頭』をお金を払って観に来てくれていて、「『行列の先頭』に出たい！　でも、どうやったら出られるんだろう……」と考え続けていたそうです。

そして、これはK-PROのスタッフで仲良くさせていただいている濱田にだけ教えてくれたのですが、『行列の先頭』にとにかく出たいけど、出たいなんて自分たちから言えないし、その言い方もわからないので、**「あえて他のライブで頑張って活躍する」**と決めていたというのです。

そして、**その活躍が私などのK-PROスタッフの耳に入ることで、『行列の先頭』にお呼ばれするのを待っていた**というんです。

もちろん、そのとおりになりました。

以降、『行列の先頭』はもちろん、K-PROのライブに定期的に出ていただくようになりました。

その中には、「他の芸人さんのネタをあえて丸々カバーするライブ」という〝芸人さんにとっては面倒な仕事〟もあったのですが、とても忙しい中に稽古・出演の時間を取って出ていただいたりもしました。

しかも、**明るく華があるだけでなく、「芸人としての芯」がしっかりしていて、ワードセンスに磨きがかかり、ネタ・演出・リハーサルなどすべてに手を抜かない姿勢**は、K-PROとしても毎回勉強させていただいています。

そうそう、加納さんのご著書の中には、おそらくK-PROを舞台にしたであろうお話を入れていただいていました。

めちゃめちゃかっこよく書いていただいているので、ぜひご覧ください。

春風亭昇也

芸人界のコミュニケーションの基礎を教えてくれた〝同期の仲間〟

私が高校3年生のときに「芸人としての初舞台」を踏んだとき、そのライブでいっしょだったのはマシンガンズさんだけではありません。

当時、**私と同じく〝高校生芸人〟として漫才をしていて、20代半ばで落語家に転身、春風亭昇太師匠のお弟子さんになり、2022年に真打に昇進**した人物もいっしょでした。

それが、春風亭昇也くんです。

厳密なことを言うと、落語家さんになってからK-PROのライブに出演したことはまだありません。

しかし、同じ1982年生まれで、お笑い業界のスタートも同時期、そして今もお笑い業界にいる唯一の〝同期〟なので、私とK-PROを陰で支えてくれている存在です。

そもそも、**楽屋での芸人さんたちとのコミュニケーションの基礎は、昇也くんを見習って築かれた**と言っても過言ではありません。

あの頃の昇也くんの楽屋での立ち居振る舞いは、同じ高校生とは思えないほど、本当にうますぎました（笑）。

例えば、だいぶ年上のお姐さんがたから、「シュークリームもらったから若い子たちも食べや〜」と言われたとき。私が「いちばん最後に残ったらでいいです……」などと言ってたら、昇也くんは「えっ、マジですか！　うれしい〜！　ありがとうございます！　いただきます！」って言いながらパクリ。

すると姐さんが、「気奈ちゃん、若手はな、こうやってもらったものはうれしそうに食べてるほうが、姐さんがたはうれしいんやで」と。

そんなことの連続で、ほかにも「ハッ！　なるほどな」と思わされたことが数え切れないほどありました。

昇也くんとはめちゃくちゃ気が合うので、いつもお笑いの話をしていました。

私は若手のお笑いが好き、彼は昭和のいる・こいる師匠のような〝伝説の漫才師レベル〟の大先輩が好きで、お互いの好きなお笑いの「どこがいい」「どこがおもしろい」という話を延々としていましたね。

その後、お笑い業界にいても道がちょっと分かれ、それぞれに頑張って、再会してからは再び仲よく話をしている――。

そんな感じの交流をしています。

現在も、電話をしたときは、平気で3時間ぐらいしゃべっています。

「最近のお笑いライブはどうなの？」

「落語のほうではこんな感じだよ」

「コロナ禍はこうやってなんとか切り抜けた」

「若手の接し方や育て方は、そっちではどう?」
こういった話から、もっと深いレベルの話まで、**同期だからこそ気兼ねなく話せて、その内容をK-PROライブに還元できている**わけです。

また、彼はウチの看板ライブ『行列の先頭』を観に来てくれますし、私も彼の真打昇進披露興行には行かせていただきました。そこでまた、率直な感想や意見を言い合って、新しい気づきをもらったりできます。

これからも、年をとっていく中でお互いの成長を楽しみ、切磋琢磨し合える関係が続いていくと思います。

これまでにK-PROでは、イベンターの人の持ち込み企画などで、落語のイベントを何回か行ったことがあります。そこでよくわかったのは、限られた舞台上のスペースの中に、きちんとしたプロフェッショナルな仕事としての高座を作るのがけっこう大変だということ。

でも、今後もさまざまな企画を考える中で、少しずつでもK-PROの舞台に落語家さんに出ていただき、〝お笑いの文化交流〟のようなイベント・ライブもやっていきたいと考えています。完璧な準備ができるようになった暁には、昇也くんに真っ先に出演のお願いをするつもりです。

ランジャタイ
「最大限の笑いへのこだわり」がK-PROを育ててくれた!
国崎和也　伊藤幸司

ランジャタイさんともけっこう長いお付き合いになります。オーディションライブの時代からK-PROのエントリー制ライブに出続けてもらっていました。

そして、**毎回必ず、自分たちのネタの持ち時間をオーバー**。

4分だとしつこく言ったのに、5分、6分、7分と経過しても、まだいっこうに終わりそうにない暴れっぷり……。

そこで**私たちK-PROスタッフは、照明を暗転、マイク音声も切り、強制終了させていました(笑)**。

現在のテレビのバラエティー番組に出ているランジャタイさん、そのままのイメージですよね。

私は、そうした番組をすごく楽しく拝見しています。

「私が知っているランジャタイさんの姿」「私が知っているランジャタイさんのいいところ」を観せてくれていますし、それだけに収録現場の様子まで想像しながら観ているんです。

売れる前と現在、表（舞台上）と裏（舞台以外の楽屋など）でも、ランジャタイさんはまったく変わりません。

本当にいい人たちなので、**「これは本当なら嫌がりそうなことだよな……」と思いながらも、仕事上どうしてもやってほしいことをお願いすると、全部やってくれる**んです。

国崎くんは笑いながらOKを出してくれて、隣にいる伊藤（幸司）くんは「はい」のひと言で。

昔のお金がなかった頃は、楽屋で残ったケータリングの食べ物はほぼ全部持って帰ってくれて、こちらとしては片づけの手間が少なくなって助かりました。けっこうな量のときもあって、「これは明日食べるぶん」「こっちは明後日のぶん」とか言いながら。

おにぎりが多いときに、「絶対に賞味期限が過ぎちゃうよ」と言ったらすかさず、「チャーハンにしたらおいしいし、だいじょうぶですよ！」という言葉が返ってきて、たくましさを感じました（笑）。

国崎くんは〝愛嬌のバケモノ〟で、伊藤くんは〝基本的には二、三歩後ろを歩く奥さんのような存在〟です。それは、今挙げた例だけからでも想像できるのではないでしょうか。そんな優しくて柔らかい雰囲気がありつつ、心の中には地下芸人と呼ばれた頃からの強い芯のようなものも感じられて、人間的にとてもおもしろいコンビだと昔から感じています。

話をちょっと戻すと、ランジャタイさんが時間を気にせずネタをやり続けるのには、私なりに確信している理由があります。

あれは、**「最大限の笑いが取れた」と思えるところまで舞台から下りたく**

なくて、その想いがずっと変わっていないのだと思います。

最大限の笑いへのこだわりが〝逆のパターンで〟現れることもあります。

ランジャタイさんだけで1時間丸々のライブをしたときは、打ち合わせ・リハーサルを通して細かく決めたことのすべてを、**本番2分前に「全部変えていいですか」**と言われました。

つまり、ずっと考えてきたことよりもおもしろいこと＝最大限の笑いが取れそうなことが思い浮かんだら、それをやらないと気が済まないということです。

ここまで予定から大きく変わったことはさすがに一度だけですが、ネタ中のアドリブレベルのことなら毎回のことです。

こんな話を聞くと、〝ただの迷惑〟と思われるかもしれませんが、むしろ逆。

ランジャタイさんのいちばんやりたいことに最も付き合ってきて、最も柔軟に対応できるのは絶対にK-PROのスタッフでいたいと、「これに付き合えてこそライブスタッフ」と思わせてくれたんです。

シンプルに言い換えれば、**K-PROのスタッフをめちゃくちゃ育ててくれた**

ということなんです。

真空ジェシカ

〝新世代の職人っぽさ〟を武器に、これからのお笑い界を牽引

川北茂澄　ガク

真空ジェシカさんは、もともとは学生お笑いの出身。

学生芸人さんの大会で決勝進出したことがきっかけで、人力舎さんの所属芸人になりました。

当時は、その大会で優勝して同じタイミングで人力舎さんに所属したコンビのほうが、実績もあるし人気があるとされていました。でも、養成所の講師の方は、「真空ジェシカのほうが長く漫才を続けていそうだな」とおっしゃっていました。

そして結果は、もう1組は解散してしまい、まさに言ったとおりになったなあと思ったことを覚えています。

つまり、真空ジェシカの**才能は、学生時代から〝わかる人〟が見れば明らかなもの**だったということです。

K-PROでは、2013年から若手バトルライブの『いぶき』から出始め、『トッパレ』、さらに2020年からは看板ライブの『行列の先頭』にも出演していただいています。

この約10年間、真空ジェシカさんをそばで観ていて思うのは、漫才・コントともにおもしろく、自分たちが望むものだけを続けているということです。

今の学生芸人さんたちが憧れるような、鋭さを持っている感じですね。

ただし、無理をしているようには決して見えません。

舞台上では、**先輩芸人さんたちに無理やり合わせるようなことは一度もなく、かといって場の空気を壊すこともなく、ひょうひょうとしている**のが彼らの自然体。

「自分たちはおもしろいことをやっていれば大丈夫」という自信がかなりあるはずで、そのあたりが**〝新しい世代の職人っぽさ〟**を持っているコンビのように感じます。

「テレビだとどんな感じに映るんだろう?」とも思いましたが、テレビ業界の方々も才能を感じていたからこそ、今も番組に呼び続けているのでしょう。

やっているネタは、かなり突拍子もなくて、センス感が強めという印象がありますよね。でも、本当にくだらないネタもあれば、もっとキツめで濃いネタもあるので、ライブで観たらその世界観にどっぷり浸かる人もかなりいらっしゃいます。

マイペースに、これからの新しい時代のお笑いを引っ張っていってもらいたいと思っています。

ママタルト

次代のK-PROを支えてもらいたい「ナルゲキの新王者」

大鶴肥満　檜原洋平

真空ジェシカさんの少し年下で、学生お笑い出身者が増えてきた世代の代表的コンビです。もともとは別々のコンビを組んでいたので、ママタルトとしてのコンビ歴はそれほど長くないのですが、結成2〜3年目の頃からK-PROの大喜利ライブにちょこちょこ出てもらっていました。

その頃は舞台上で、〝メインの側から少し離れたところ〟から、メインのほうをイジったり、おもしろいことをやる側にいました。

ママタルトさんがお笑いを始める少し前ぐらいまでのK-PROライブって、よそからの印象では〝人気者たちがいるキラキラした場所〟〝ワーキャーのファンたちが盛り上げている場所〟ととらえる人もいて、それはお笑いファンだけでなく芸人さんにも言えたことでした。

その流れでママタルトさんも、〝キラキラしたメインの側〟をイジる立ち位置がてっきり好きなのかと思っていましたが、コロナ以降に〝メインの側〟でこそ輝ける存在だと思ったんです。

ただ、K-PROのいろいろなライブの定期メンバーを決めるライブにあまり出ないので、そのあたりを聞いてみると、要するに〝呼ばれれば出られるものと思っていた〟とのこと。

でも、「西新宿ナルゲキ」ができてから、また、コロナ禍の苦しい状況に立ち向かっていく過程では、**この世代の代表的なコンビとして真っ先に名前を挙げなければならないぐらいにK-PROライブで大活躍**してくれました。

テレビのバラエティー番組にもよく出るようになったので、その頃からママタルトさんを知った読者の方も少なくないのではないでしょうか。

しかも、ありがたいことに、**さまざまな仕事の中でK-PROのライブをかなり優先していただいている**感があります。

アラサーぐらいの年齢の芸人さんだと、年齢的にまだ事務所のマネージャーさんに「自分の優先したい仕事」をなかなか口にできないケースも多々あるのですが、ママタルトさんは**「このライブにはぜひ出たいので、マネージャーにそう伝えてもいいですか?」**と自ら言ってくれるんです。

K-PROのスタッフの名前を呼びながら、「○○さん、いつもありがとうございます」などと積極的に話しかけていただいているので、新人のスタッフたちはとても喜んでいます。

また、(大鶴)肥満くんは、曲がったことが嫌いで、正義感が強く、同世代の芸人さんたちに**「頑張って活躍する必要性」**や**「周りへの感謝の必要性」**などを率**先して言ってくれます。**

相方の檜原(洋平)くんは、**K-PROライブを細かいところまで研究**してくれています。

ウチのライブでは、出囃子は曲のイントロ部分を流し、ネタ終わりはハケ囃子として曲のサビの部分をかけているのですが、そうした工夫をサラッとほめてくれたり、セットの一部のパネルの色を変えたことにいち早く気づいて言ってくれたり。なので、K-PROのスタッフたちは皆、二人のことが大好きだと思います(笑)。

と同時に、それだけ見られているだけに、スタッフたちは「気を抜けない」と思えるわけで、私はその点にも感謝しているんです。

同世代で仲のいいストレッチーズ・さすらいラビーらとともに、ママタルトには**「次の時代のK-PRO」を支えていってもらいたい**と願っています。

K-PRO所属芸人3組
ねじれネジ　香呑　アルバカーキ
それぞれの個性・腕を磨いてスターへ……若手たちがアツい！

K-PROでは、2018年から所属芸人をとり始めました。

お笑いライブを主催するだけでなく、芸人さんをとるようにもなったのには、理由があります。

K-PROのライブで成長して売れていき、テレビなどの仕事も忙しいスターになっても、「舞台がいちばん大切」と言ってくれる芸人さん——。

そうした芸人さんは、前章・本章でお話しした芸人さんたちの中に何人もいらっしゃいます。ただ、厳密なことを言ってしまうと、やはり「どこかの事務所からお借りしている芸人」さんということになります。

ですから、**「もっと近い距離感」でいられる芸人さんたちの中から、同じようなスター芸人さんを生み出したい**と考えたからなんです。

K-PROには現在、約50組の所属芸人さんたちがいます。皆それぞれに努力してくれていて、〝K-PROのお姉さん〟としてはうれしくてしかたありません。

その中から、今アツい3年目（この本を書いている2023年末時点）の若手芸人さんたち3組を紹介させてください。

◉ねじれネジ（根〆紀満 トッキー）

K-PROの若手所属芸人さんたちの中で、人気実力ともにいちばん〝うなぎ昇り状態〟なのが、ねじれネジです。

お笑いに対する熱やセンスはもちろん持っているのですが、**彼らが他の若手芸人さんたちより秀でているのはライブで見せ方の上手さ**です。

お客様が望むことをまず考えてネタをやっているからこそ、人気が高まっているのだと思います。

また、お笑いライブを裏方的な視点からも見ています。

「このライブでは絶対にスベっちゃダメですよね」「このライブでウケないとお客さんがつかないですよね」「正直、ここのバトルはあんまり見られてないですよね」というライブの捉え方もでき、それを同世代の芸人さんたちに伝えるという**リーダーシップも発**

揮してくれています。

それでも、まだまだ未熟とちゃんと自覚していて、どんどん勉強して伸びていっているので、今後の飛躍を楽しみにしています。

◉香呑（面高モナカ　中島大成）

賞レースにあえてエントリーしないなど、**ひとことで言うと、〝ちょっと変わっている芸人さんたち〟**です。でも、それには彼らなりの理由があって、賞レースなどはやりたいことと全然違っていて、常に自分たちにとっておもしろいものだけを外に見せたいということなんです。

例えば、「コントにおけるセンス」というものを、「設定やセリフ」の面で生かすのではなく、「小学生の子どもがやるような下らないこと」をあえてやってしまうという面で爆発させたいということです。

だから、「舞台上って、どのぐらいまで汚していいですか？」とか本気で聞いてくるんです（笑）。

そして現時点まででは、彼らの可能性を信じて、好きなことをやらせています。Ｋ－Ｐ

ROの若手ライブの名称『K-PRO牧場』でいうところの放牧状態です。

まだ大先輩と絡む機会がないので、その厳しさを知るのはこれからでしょう。

ただ、それをまだ知らなくて、**放牧状態でもあるからこそ、〝これまでにない新しいなにか〟を見つけてくれるように期待**しているところです。

◉アルバカーキ（相澤遼 金子航大）

アルバカーキは、**「今の若手漫才師の真逆のタイプ」の漫才**をします。

年齢としては20代半ばなのに、〝古きよき時代のワードセンス〟をすごく持っているので、私と同年代のアラフォー世代でも思わず笑っちゃうようなワードを入れた漫才が得意なんです。

もともとは2人ともけっこう有名なハガキ職人（ラジオネームは相澤＝時任三郎／金子＝ゲスの極みおなべ）だったこともあってか、とにかく言葉の使い方が絶妙にうまいと思います。

そうしたこともあって、**先輩芸人さんたちが「最近の若手でおもしろい芸人」としてよく名前を挙げていただいているコンビ**です。

また、2人の関係性がすごくよくて、まるでカップルのように互いの面倒をみたり、2人で飲みに行くこともあるようなので、〝古きよき時代のもの〟と〝現代的なもの〟がうまく融合するなどして、さらに漫才のレベルが上がっていくのではないかと考えています。

特別対談

唯一無二の、
お笑いと
お笑い芸人さんへの愛

加地倫三
(テレビ朝日　エグゼクティブプロデューサー)
×
児島気奈

『アメトーーク！』で「K－PROライブ芸人」が実現した舞台裏

加地倫三（かぢ りんぞう）
1969年生まれ。神奈川県出身。上智大学卒業後、1992年にテレビ朝日に入社。スポーツ局に配属後、1996年より編成制作局に異動してバラエティ番組の制作に携わる。現在、「ロンドンハーツ」「アメトーーク！」「テレビ千鳥」などのエグゼクティブプロデューサーを務める。

児島★お時間いただいて、ありがとうございます。直接お会いするのは、『アメトーーク！』の「ココで育ちました　K－PROライブ芸人」（120ページ参照）の収録以来ですよね？

加地☆はい、そうですね。あのときは本当にお世話になりました。

児島★今さらですけど、そのときのことで聞きたいことがあるんです。そもそも、どうして「K－PROライブ芸人」というくくりでやっていただけたんですか？

加地☆K-PROさんのことは、あのとき（2022年）よりもずっと前から気になっていたんです。

児島★といいますと……？

加地☆K-PROさんのライブから、「FKD48」っていうユニット（96ページ参照）が出てきましたよね？

児島★はい。2010年の夏ぐらいのことです。

加地☆僕、自分の番組に対する視聴者さんの反応を知るために、Twitter（現X）でよく検索をするんです。そのときも、『アメトーーク！』や『ロンドンハーツ』がらみの検索をしていたら、やたらと「FKD48」っていうワードが出てきて。

児島★そうですね。かなり豪華なメンバーが集まったユニットだったので、ありがたいことに、話題になっていました。

加地☆ですよね。それで、『FKD48』ってなんだ？」と思って調べたら、K-PROライブの楽屋からスタートしているってことで、K-PROさんの名前はずっと頭の中にあったんです。

児島★うわっ、うれしいです！

加地☆その後も、「K-PROさんから三四郎っていうおもしろい若手が出てきた」と聞かされたり、『M-1グランプリ』のファイナリストにK-PROライブ出身の芸人さんが増えてきたと気づいたりして、「この秘密はなんだ?」って思ったんですよね。さらにTwitterでは、「『アメトーーク!』でK-PRO芸人をやってほしい」みたいな声がどんどん上がってきていて。

児島★実はその頃、ライブのコーナーなどで、『アメトーーク!』をオマージュした企画をけっこうやっていたんです。「いつか出演できたときのシミュレーションを舞台上でやってみよう!」みたいな感じで。出演芸人さんたちの趣味や特技のプレゼン・エピソードトークを披露したり、そのものズバリで「僕たちはK-PRO芸人です!」とK-PROくくりのトークをしたこともありました。

加地☆そうだったんですね。

児島★はい。そうしたら、観てくださったお客様やファンのかたがたの「本当に実現できたらいいですね!」という声が、どんどん大きくなっていく感覚があって……。その流れでTwitterに上がった声が、加地さんの目に留まったということですね。

加地☆もしかしたら、そういうライブをやった直後のタイミングだったのかなぁ。とにかく、けっこうな数でツイートされていて、スゴかったですよ!

児島★めちゃくちゃうれしいですね。

加地☆それで、「K-PRO芸人の企画」を『アメトーーク！』の会議で提案したら、スタッフも乗ってくれて……。

児島★本当に実現したんですよね。もう、「夢みたいなことが起きた！」って感じでした。そのこと自体ももちろんうれしかったんですけど、「K-PROライブ芸人」として出演してくださった芸人さんたちもすごく喜んでくれていて、その様子を見たら、私の中のうれしさと喜びがいっそう大きくなりました。さらに、オンエアを観たら、「これさえ観ればK-PROの歴史がわかる」っていうぐらい、すごくおもしろくて最高の編集をしていただいたので、加地さんには改めてお礼を言いたいんです。もう、あれは感動というか、「バラエティー番組だけど胸が熱くなるってこういうことなんだ」「これまで続けてきてよかったな」と思えるぐらいの番組作りをしていた

だきました。

加地☆ホントですか！　それは僕にとってもうれしいですね。

児島★あの『アメトーーク！』を観たことで、「K‐PROライブに出たい」と言ってくれる芸人さんや、「K‐PROで働きたい」と言ってくれるスタッフ志望者が増えたぐらいなんです。

加地☆それもうれしいことですけど、そこにはやはり児島さんのキャラクター的な魅力も影響しているんじゃないですか？

児島★えっ⁉

加地☆というのも、そもそも〝K‐PRO＝児島さん〟というのは、収録前の段階からわかっていたんです。芸人さんたちにアンケートをとった時点で、「児島さんの名前が何回出るんだ！」っていうぐらいでしたから（笑）。さらに、「番組の最後は芸人さんたちからK‐PROへの感謝で締める構成にしよう」となって、そのためのコメント撮りをしたら、「K‐PROへの感謝」といいながら「児島さんへの感謝」みたいなVTRになったぐらいで（笑）。

児島★そうでしたね。ありがたすぎるコメントばかりでした。

加地☆だから当初は、そのVTR明けは拍手だけで終わってもいいと思っていたんです。実際に収録現場でも、そう考えていました。でも、ふと気づいたら、チーフカメラマンの辻（稔）

さんが、収録に立ち会っていた児島さんにグーッと寄っていって、情感たっぷりに撮っていたんです（笑）。

児島★収録の最初から、観覧席に座らせてもらったんですよね。確かにそのときは、カメラが私のほうに向いていることに気づいてはいました。

加地☆ですよね。ただ、そんなことは台本にもちろんなかったし、僕からしたら予想をはるかに超えたことだったので、「エーっ！」ですよ（笑）。ここからまた、なんらかのひとくだりがあると、尺が当然長くなりますから。だから、頭の中は尺計算でいっぱいなんだけど、もうワンショットで抜かれている児島さんに触れないといけない空気が出来上がっていて……。ただ、そこからの児島さんのしゃべりがすごかった。

児島★はい、けっこうしゃべらせていただきました（笑）。

加地☆番組の最後の最後に、「K-PROライブ芸人」をイジったりしながら、笑いをバンバン作っていって、完全にオチを持っていったんですから（笑）。

児島★あのときは、「これはもうやるしかない！」と思ってしゃべり始めたんです。あれが〝初めての経験〟ではなかったのもよかったのかもしれませんね。私の場合、普段のライブでのリハーサルのときなどに、主催者側の意図や想いを芸人さんに伝えるためにわざとおどけたことをしゃべったり、ちょっとふざけた動きをしたりしていて、そうやって芸人さんを笑わせるようにすることも一種の仕事だと思っているんです。実は、そんなふうにけっこうやっていたので……。

加地☆なるほど！　じゃあ、あのときに、〝そのスイッチがパッと入った〟ということですね。

児島★はい。あのときの現場の空気と、『アメトーーク！』というテレビ番組の一流スタッフの皆さんたちの前で、私がどれだけできるかをちょっと試したかったという気持ちもありました。あとは、そこで少しでも笑いが起きて、「K-PROライブ芸人」として出てくださっている芸人さんたちの「いい顔」も撮れればいいな、と。

加地☆いやー、すごいですね。普通、全芸人さん・全スタッフが注目しているあの場面に立たされたら、しゃべる内容を一瞬迷うと思うんですよ。僕も、たまにカメラを向けられるんで

すけど、「あっ、これってどっちを言えばいいかな」と二択を迫られたときに、けっこう判断が難しいんです。だから、あの場で瞬時にパッとできたのは、本当にすごいと思いましたよ。「近いうちにラジオでもやるんじゃないか」って思わせられるぐらいで。

児島★いやいやいや、それはないです(笑)。

テレビに出たいのに「テレビは観ない」という若手芸人は……

児島★テレビのバラエティー番組を作っている方とお話しすると、私のようなライブを作っている側との感覚の違いのようなものを感じられて、いろいろと勉強になることが多いんです。加地さんは、お笑いライブをどう見ていらっしゃるんですか?

加地☆テレビのバラエティー番組だと、基本的には収録後に編集作業が入るけど、お笑いライブは常に「生のお笑い」ですよね。しかも、お客さんの「生のリアクション」も常に見ることができる。だから、「やっぱり〝生もの〟はいいなぁ」と思いますね。

児島★ライブの〝生もの〟のお笑いのよさ、テレビの編集で仕上がったお笑いのよさは、もちろんそれぞれにありますよね。

加地☆そうですね。

児島★ただ、ライブでいうところの「劇場に来てくださるお客様」は、テレビでいうと「モニター(テレビ画面)を通して観てくださる視聴者」ということになって、この〝ちょっとした違い〟のように思えることが、お客様や視聴者の笑いにけっこう影響があると思うんですけど、いかがですか?

加地☆テレビって、現場では「おもしろい」と思ったことが、モニターを通すことで「おもしろく見えない」っていうことがあるんですよね。視聴者が、それを〝生〟だと思っているか、〝収録されたもの〟と思っているかによって、見え方が変わってくるんです。〝収録されたもの〟と思っていると、視聴者が一歩引いて観ているような状態だから、現場でのおもしろさが100%届かない。だから、「ホントはこれ、すごくおもしろいんだけどな」というシーンも、泣く泣く切らないといけないときがあるんです。あとは、単純に時間・尺の問題や、笑いを作った流れの問題もありますよね。

児島★秒単位のレベルを気にしながら作っているんですもんね。

加地☆その笑いを作った流れの過程を全部使わないとおもしろくない。だけど、どうバランスを取ろうと頑張っても、少し切らないといけない――。そのへんのジレンマみたいなものはありますね。だから、「現場でおもしろいものが『その場の正解』、その正解をそのまま出せるライブっていいな」っていうのはありますね。

児島★ライブだと、お客様はその場ですべてを観ているから、仮につまらなくても長くても、〝何となく成立してしまうこと〟もありえます。でも、テレビでは、それが成り立たない。だから、切らないといけない。モニター（テレビ画面）を通して〝向こう側〟の視聴者さんたちを笑わせるという仕事の難しさは、テレビのオーディションから帰ってきた芸人さんたちの話を聞いていても、すごく伝わってくるんですよね。

加地☆芸人さんたちと、そういう話もしているんですか？

児島★はい。本当によくあるのは、オーディションの結果がダメだった芸人さんと話をしているときに、その理由として「やっぱり俺の話って長いよな」「くどいよな」と愚痴られることで……。あと、アシストや裏回しとかの自信をライブで持っていたけど、「それは今日行ったテレビのオーディションでは要らなかった」とか。

加地☆あー、なるほど。

児島★この本の中では詳しく書いたんですけど、私は子どもの頃から、テレビのバラエティー番組が大好きでした。だから、とにかく観まくって笑い、楽しんでいました。ただ、中学生になった頃に、「こういうバラエティー番組って、テレビマンが編集などの細かいプロの仕事をちゃんとしてくれているから観られるおもしろさなんだ」と気づかされて。それからは、ものすごいリスペクトの気持ちを持ちながら、バラエティー番組を観させてもらっています。今もそうです。

加地☆編集が下手な番組も山ほどありますけどね（笑）。

児島★そうなんですね（笑）。でも、K-PROを立ち上げた当初から、私の好きなバラエティー番組はライブ作りの参考にさせてもらっています。「自分のイメージする1～2時間のお笑いライブは、この番組みたいな感じ……」。じゃあ、同じ時間で作られているこの番組は、どういう構成になっているのかな。芸人さんをどのように生かして笑いを作っているのかな。ライブでは、それをどうやって生かせるかな」みたいな感じで。また『アメトーーク！』の話になっちゃいますけど、そういう点で『アメトーーク！』はすごく参考にさせてもらっています！

加地☆どういう点で参考になってます？

児島★いちばんは、その日の舞台が終わった後の反省会で、若手芸人さんたちに説明するときです。『アメトーーク！』を例に挙げながら説明すると、私の伝えたいことが若手芸人さんにもちゃんと伝わるんです。「『アメトーーク！』だったら、さっきみたいなトークコーナーの〝ちょっとの隙間〟に、ひな壇の後ろの人が『そうなんですよ』って入ってくるでしょ？」「『アメトーーク！』のオープニングで、あんなにダラダラしゃべってないよね？オープニングは短めで盛り上げて、次のトップバッターにつなげてね」「あれって、『テレビだから編集されているもの』と思っているかもしれないけれど、それぐらいのことをやらなきゃ」と。

加地☆あっ、それで思い出しました。佐久間（宣行）くん〈元テレビ東京／現フリーテレビプロデューサー〉と会ったときに、「ライブ中心で出てる芸人はトークが長めだよね」って話をしたことがあって。まぁ、芸人さんの気持ちもわかるけど、ライブとテレビでは「観る側の体感」が違ってくるから、「テレビだとそこまで待てないよ」ってなっちゃう。

児島★やっぱりそうですよね。

加地☆だから、児島さんが今言っていたように、「テレビの現場では〝テレビサイズ〟でトークでもなんでもやらないと」っていうのを、ちゃんと若手たちに指導していただいているのはすごくありがたいですね。

児島★はい、頑張ってます（笑）。でも、これがけっこう大変で……。なかには、「テレビに出たい」と散々言っているのに、「ウチにテレビないんですよ」とか「テレビは観てないんですよ」とか、生意気を言う芸人もいるんですよ。

加地☆おーおー、そういうヤツは、ぶん殴っておいてください（笑）。

児島★ですね。やっておきます（笑）。まぁ、そこまではしないとしても、「じゃあ、何のためにライブ出ているの？」「自分たちの作品だけを見せたいなら単独ライブをやりなよ」って言うんです。「本当にテレビに出たい」「何か賞を取りたい」「ライブでお笑い界を盛り上げたい」「人気者になりたい」――。そういう気持ちをちゃんと持ってやらないと本当にダメだよ、という話はすごくするようにしていますね。

テレビ的には「100点か0点か」の笑いでOK

児島★加地さんは、ご自身で手掛けられた番組を「長く続けること」を重視してらっしゃるんですよね？

加地☆そうです。というのも、僕の番組って、冠番組が多いんです。ロンブー（ロンドンブーツ

1号2号）の『ロンドンハーツ』、雨上がり決死隊の『アメトーーク！』、千鳥の『テレビ千鳥』、霜降り明星の『霜降りバラエティ』（現『霜降りバラエティX』）……。ウチの班、全部で8本の番組を作っているけど、全部が冠番組なんです。だから、もしも1つの冠番組が終わってしまうと、〝その芸人さんにとっての城が1つ崩れた〟みたいなイメージを世間に与えてしまうから、冠番組を手掛けている僕には責任があるんです。もしかしたら、芸人さんの人生を変えちゃうぐらいに。だから、「視聴率が一時的にバーンと跳ねて、だけどすぐに飽きられて終わる」ということは絶対に避けたいっていうことですね。

児島★それは確かに嫌ですよね。

加地☆あとは、番組の終わり＝チームの解散なので、スタッフの仕事もなくなってしまう。すると、彼らは仕事を探さないといけなくなる。だから、「ずっと作り続けるようにする」ということです。

児島★すごくわかります。私も、K－PRO

ライブを終わらせないのはもちろん、昔と同じライブタイトルをずっと使い続けているんです。ライブの形式をたまにリニューアルしたり、バトルライブのルールを変えたりすることはあるんですけど、ライブのタイトルや使っている音楽、そのライブのＭＣなどもできるだけ変えたくなくて。ちなみに、全部が冠番組になっているのは、タイトルを決めるときに意識されているからなんですか？

加地☆というより、僕の場合は、番組の企画書を書くときに、「この人と仕事をしたい」と思って企画を考えるからです。一般的には、「企画が先にある➡ＭＣを誰にしようかと考える」というパターンが多いのかもしれないけど、僕の場合は「あの芸人さんと番組を作りたい➡じゃあ、こんな企画はどうか」というパターンだから、自然と冠番組になっているということですね。

児島★ということは、「仕事としての気持ち」よりも、「おもしろいものができそうなワクワクする気持ち」のほうが上回っている感じですか？

加地☆両方ですね。あっ、でも、どうなんだろう……。やっぱり食指が動くのは、「ワクワク」のほうなのかもしれませんね。「この人と仕事をしたらワクワクしそうだな」っていうのは、今まであまり意識したことはないけど、確かにあるのかもしれません。

児島★それ、大事ですよね。しかも、それで芸人さんのスキルがどんどんアップして、周りからの評価や立場も上がっていって、いわゆるスターや大御所になっていくって、すごくいいですよね。

加地☆番組は毎週やっているわけだから、番組がうまく転がっているときに彼らは成功体験として技術を身につけて、また他の現場で芸人としての幅を広げていって、またこっちの番組に戻って来たときにフィードバックされるみたいな感じですかね。

児島★さらにいうと、K-PROライブに新しいお客様が来てくれるうえでも、テレビのバラエティー番組はとってもありがたくて。やっぱり、お客様が「お笑いを生で観たい！　観に行きたい！」と思う大きな要因には、間違いなくテレビがあると思っています。そういう意味でいうと、「テレビに出た芸人さんは、もっと威張ってもいいのかもしれない」と思ったりします。今は、いわゆる怖い芸人さんがいなくなった印象はありますね。

加地☆そうですね。全般的に大人しいですよね。

児島★そうなんです。20年前のライブなんて、かなりピリピリしてました。ベテランの芸人さんだけじゃなく、突っかかってくる若手もいっぱいいました。それが今は、若手は先輩の顔色をうかがって、先輩のほうも「この若手は急に売れちゃうかもしれないから」みたいに気を遣って……という話も耳に入ってくるんですよね。

加地☆みんなが秩序を保ちすぎるから、逆にもっと変なことをする芸人さんが増えてほしいですね。

児島★あー、思いますね。同感です。

加地☆例えば、(三四郎の)小宮(浩信)って、収録時にめちゃめちゃ尺を使うんですよ。さっきの話に逆らっているかのように(笑)。くだりが1〜2個終わってじゅうぶんにウケてるんだから、そこで終わってもいいのに、まだ粘る(笑)。

児島★はい。「あえてやる」っていう話ですよね。

加地☆そうです。でも、それでいいんですよ。僕から言わせてもらうと、「平均80点の人」は要

らないんですよ。僕らテレビの人間からしたら、平均がたとえ50点だとしても、「100点」と「0点」でいいんですよ。それぐらいの気持ちがないと、爆発力って生まれないから。そして、僕たちには、さっき言ったように編集があるからOKなんです。

児島★なるほど。

加地☆あと、最近すごく思うのが、芸人さんたちの声。昔より小さくなっていると思いませんか？

児島★あー、わかります！

加地☆僕らの世代とか、もっと上の世代の芸人さんたちって、普段の声量が大きいし、今のたいていの芸人さんたちよりももっと声を張れるんです。で、（ウエストランドの）井口（浩之）がいいなと思うのは、そこなんですよ。（宮下草薙の）草薙も好きなのは、普段の声は小さいけど、行けるときはめっちゃ行ける。前に行く気持ちや性格なども関係してくるとは思うけど、そういう子ももっと出てきてほしいですね。

児島★前に出る気持ちは重要ですよね。

加地☆気持ちがないとデカい声は出せないし、自信がないとデカい声でボケられないですからね。

児島★ですよね。K-PROライブでも、全員でやるゲームコーナーとかで全然前に出なかった若手芸人さんに理由を聞くと、「ゲームコーナーの前にやったネタがウケなかったから」って言うんですよ。

加地☆　気持ちがシュッとしぼんじゃってる。

児島★　そうなんですよ。だから私は、「だったらゲームコーナーで取り返さないとダメじゃん！」って。すると今度は、「いやいや、ネタがウケなかった俺らなんか、誰も興味ないから」とか「俺ら全然人気ないから」って言い出すから、「じゃあ、その人気はどこで取るの？　おもしろいんだから、ゲームコーナーでもっと前に出なよ」と。するとやっと、「じゃあ、次からそうします」って。なんか、おせっかいオバサンみたいですね（笑）。

加地☆　いやいや、そんなことはないですよ（笑）。

児島★　バトルライブで負けたり、ネタでスベってうつむいていたりする若手には、「ウチのライブではスベってもいいよ。ただ、スベって後ろに下がっちゃうんじゃなくて、負けて悔しそうな顔を前に出しなさい！」って、すごく言っていて。さらに、「そんなふうにうつむいたり、後ろのほうに隠れたりしてたら、誰も見てくれないよ。テレビだったらカメラも向かないでしょ」って。そうやって「テレビ」っていう言葉を使うと、やっぱりみんな反応してくれるんです（笑）。

「行き過ぎた愛」で〝ここまでやってしまった人〟

加地☆実は、児島さんにぜひ聞いてみたいことが1つあるんですけど……。

児島★えっ、なんですか？

加地☆僕は元々、同世代の芸人さんたちと仕事をすることが多かったんです。（元雨上がり決死隊の）蛍原さんの1歳上から、ロンブーの（田村）淳の5歳下ぐらいまで。でも、ちょっとずつ下の子が増えてきて、それでも「いっしょにやっている」という感覚はあったんですけど、最近はだんだん「加地さん……！」という感じになってきて。

児島★つまり、「エラい人・スゴい人を敬うような感じ」っていうことですよね。

加地☆そうです。僕の立場が上っぽくなってきて、主戦力としてやっている芸人さんたちとの距離感がすごく難しいんですよ。児島さんも、僕と同じようになってませんか？

児島★なってます、なってます！

加地☆そういう距離感の取り方や言い方、工夫とかって、どうしてるんですか？

児島★わー、その気持ち、めちゃくちゃわかります！　私も、今は20歳ぐらいも年下の若手芸人さんがいっぱいいて、「児島さんの言うことは絶対」とか、「K-PROのやっていることは正解」「K‐PROにハマりたい」みたいな言葉まで聞こえてきて、ちょっとした〝やりにくさ〟を感じることもあります。そんなときは、自分から距離感をめちゃくちゃ詰めていきます。

加地☆さすがですね（笑）。

児島★ただ、その若手芸人さんの名前を覚えるのはもちろん、ネタもちゃんと見るようにしてから、しゃべりかけに行くようにしています。ウチのいちばん下のオーディション的な位置づけのライブにも絶対に顔を出して、「おはよう！　また来てくれたんだね」とか、なんとなくフランクに話しかけるようにしています。

加地☆なるほどね。若い芸人さんたちから、まだ怖がられたりはしていないんですか？

児島★まだ……、あっ、多少は怖がられているかもしれないです。そんな空気を感じたときは、おバカなふりをして近づいています。

加地☆いやー、やっぱスゴい（笑）。僕はもう怖がられているんです。挨拶とかもあんまり……。

だから、配信のほうの『アメトーークCLUB』は若手が多いから、収録のフロア自体に行かないです。もしくは、客席で見ています。若手芸人さんたちに緊張されても嫌だし。もう、うかつなことは言えないんですよ。ちょっと注意したら、「めっちゃ怒られた」みたいになりかねないので（笑）。

児島★　わかります。私も同じです。だから私、若手の子の前に行くときには、水戸黄門みたいな状態で行きますから。「あの児島さん」と思われないように。

加地☆　「あれっ、なんか知らないおばさんが来たな」みたいな？（笑）

児島★　そうです。なにげなくゴミを片づけたりしながら（笑）。そうすると、「えっ、あの人が児島さんですか!?」って言われることもあるんです（笑）。でも、「『アメトーーク！』の加地さん」「『ロンドンハーツ』の加地さん」は、たまにテレビで抜かれるじゃないですか。あのときに加地さんが笑っているのが、私は「すごくいいな」と思っています。観覧に来ているお客さんも、現場に加地さんがいたら、「あっ、あの加地さんだ！」と思いつつ、加地さんの表情をめっちゃ見ていると思います。「加地さんって、どこで笑ってるのかな」みたいな感じで。

加地☆　そういえば、スタッフから言われたことがあります。ずーっと僕を見ているお客さんがいたって。

児島★そう、絶対にいらっしゃると思います。たぶん、現場で加地さんが笑うことで、一瞬にして空気が和やかになる瞬間があるはずなので、そういう存在になっているのは同じ制作側の人間としてすごく尊敬します。

加地☆いやー、「もうフロアにいないほうがいいのかな」と悩んだ時期もあったんですけど、「まだいてほしい」とか、「あそこに加地さんがいる緊張感が『アメトーーク！』なんですよ」とかも言われたりして……。

児島★あと、ベテランのMC陣とかは、〝加地さんが進行の指標〟になったりすることもあるでしょうね。

加地☆そうですね。淳は、トークが変な方向に行ったときに、「僕が笑っていたらそのままでOK」、逆に「下を向いて次の準備をしていたらスパッと次にいく」って言っていました。児島さんも、ライブの舞台袖で同じような感じじゃないですか？

児島★はい、私は袖ですね。ゲームコーナーでのトークとかで、袖で口を開けて笑っています。そうすると、みんなも笑顔になったり、舞台上の勢いがついたりするので。ただ、K-PROの年下のスタッフに対しては……。

加地☆難しいですよね。普段の僕なんて、全然イジってもらっていいタイプなのに、スタッフは全然イジってくれないですからね。それで、ダメなときはちゃんと言わないといけないから、その1回の注意だけで現場がかなりピリッとして（笑）。

児島★私も、加地さんと同じぐらいの年齢になったら、同じような感じになるのかなぁ。あと10年ちょっとか……。

加地☆10年どころじゃないですね。たぶん。もう5年ぐらいで。

児島★5年ぐらいで、きますかね？

加地☆きますね！（笑）

児島★覚悟しなきゃ（笑）。

加地☆ただ、僕は演者に対して責任があって、児島さんの場合はおそらくお金を払って観に来てくれるお客さんに対する責任があるから、「現場で見ていたい」っていう考えは共通していますよね。もちろん、現場が好きっていうのもありますけど。

児島★そうですね。そういう責任を果たすための〝戦う力〟をキープするために、現場での〝お笑いの筋トレ〟は続けていかなきゃと思います。

加地☆だから僕も、いまだに編集までやっています。

児島★ なるほど。やっぱり、ホントにすごいですよ。

加地☆ それをやめたら、〝口だけを出す評論家〟みたいになっちゃうじゃないですか。僕、評論家って嫌いなんですよ。自分でやっていないくせに言うヤツ、ホントに嫌いなんです（笑）。

児島★ アハハ（笑）。めちゃくちゃわかります！　でも、以前から加地さんが作っている番組からは、芸人さんたちのいいところを引き出しつつ、その人たちといっしょに戦っている感じがすごく伝わってきます。そして、なんといっても観ていておもしろい。そういうテレビ番組があることは、ライブで頑張っている芸人さんたちの目標にもなるので、現場をぜひ続けていただきたいです。

加地☆ そう言われると、頑張らないといけませんね。あと、繰り返しますけど、児島さんもホントにすごいですからね。「一般のお笑いファン」だった人が、「お笑い芸人を束ねる人」になって、舞台まで作った――。児島さんとK-PROがなかったら、関東の芸人さんたちの多くは、おそらく今のようにたくさんのバラエティー番組にも出られていなかったと思います。唯一無二の、お笑いとお笑い芸人さんへの愛の賜物です。「行き過ぎた愛」というか、その愛が本当に強すぎて、〝ここまでやってしまった人〟なんですから。

K-PRO
20周年記念クイズ

FROM 第1章 & 第2章

［Q1］K-PROの「K」と「PRO」の由来は?

［Q2］K-PROの記念すべき初ライブであり、現在も看板ライブになっているライブの名称は?

［Q3］2010年、K-PROライブの楽屋から生まれた芸人さんたちのユニット名は?

［Q4］2021年にオープンしたK-PROの劇場の正式名称は?

［Q5］『アメトーーク!』(テレビ朝日系)の「ココで育ちました　K-PROライブ芸人」の放送回で、「K-PROライブ芸人」として出演してくださった芸人さんたちは誰?

［Q6］K-PROのお笑いライブで〝楽屋番長〟と呼ばれている芸人さんは誰?

FROM 第3章 & 第4章

［Q7］コロナ禍で、K-PROの支援金を募る活動までしてくださった芸人さんは誰?

［Q8］K-PRO内で、「男性芸人でいちばん憧れられている芸人さん」は誰?

［Q9］ネタでもトークコーナーでも必ず大爆笑をとっていたことから、K-PRO内で「○

○無双」という言葉まで生まれた芸人さんは誰？

［Q10］K-PROのスペシャルライブに後輩思いで何度も出演してくださったことがあり、平日昼間の若手ライブをお忍びで観にも来てくれる芸人さんは誰？

［Q11］K-PROのバトルライブ『レジスタリーグ！』『いぶき』『若武者』などで学生時代から活躍し、M-1チャンピオンにまでなったコンビは？

［Q12］K-PROライブのレギュラーメンバーで結成された「コント村」。参加していた芸人さんたち4人は誰？

［Q13］〝K-PROライブの出演メンバーは『キングオブコント』に強い〟という説がお笑い業界に広まるきっかけになった、『キングオブコント』の第2回・第3回・第5回・第6回・第7回大会のチャンピオンは？

［Q14］K-PRO内で、「女性芸人でいちばん憧れられている芸人さん」は誰？

FROM K-PRO

［Q15］K-PROライブのエースを決めるネタバトルライブ『ナルゲキ最強決定戦』で、唯一2連覇をしているコンビは？

【Q16】K-PROライブの出演メンバーが連続優勝中の『M-1グランプリ』、2021年・2022年・2023年のチャンピオンは？

【Q17】K-PROの劇場入口付近に置かれている「芸人さんのパネル」、すべて答えられる？

【Q18】K-PROライブの名MCといえば、誰？

【Q19】毎年年末に開催される『K-PROライブアワード』。2023年にMVPになったコンビは？

【Q20】2022年からスタートし、K-PRO立ち上げ当初からのスペシャルライブと並ぶ「2大看板」になっているスペシャルライブの名称は？

【Q21】同じく2019年からスタートした、芸歴5年以下の№1を決める大会の名称は？

【Q22】K-PROがこれからオープンさせようとしているミニライブハウスの名称は？

【Q23】K-PROの公式SNS上でたびたび登場する〝K-PROの看板犬〟の名前は？

【Q24】『行列の先頭46』（2023年5月）は、K-PROライブで過去最大となる2500オーバーの会場で開催。どこで開催された？

【Q25】その『行列の先頭46』で、K-PRO代表・児島気奈が小学生時代から大好きだった芸人さんがスペシャルゲストとして出演。そのコンビ芸人さんは誰？

《答え》

［A1］「K」は、お笑いライブの先輩・呵生（KASEI）さんの頭文字／「PRO」は、「プロレス（PRO WRESTLING）のプロ（PRO）」

［A2］『行列の先頭』

［A3］『FKD48』

［A4］西新宿ナルゲキ

［A5］アルコ&ピースさん、三四郎さん、モグライダーさん、ウエストランドさん、ランジャタイさん、スピードワゴンの小沢（一敬）さん、アンガールズの田中（卓志）さん、ラランドのサーヤさん

［A6］ウエストランドの井口（浩之）くん

［A7］磁石の永沢（たかし）さん

［A8］アルコ&ピースさん

［A9］バイきんぐの小峠（英二）さん

［A10］サンドウィッチマンの伊達（みきお）さん

【A11】令和ロマンさん

【A12】元ゾフィーの上田（航平）くん、ハナコの秋山（寛貴）くん、かが屋の加賀（翔）くん、ザ・マミィの林田（洋平）くん

【A13】第2回大会（2009年）優勝＝東京03さん、第3回大会（2010年）優勝＝キングオブコメディさん、第5回（2012年）大会優勝＝バイきんぐさん、第6回大会（2013年）優勝＝かもめんたるさん、第7回大会（2014年）優勝＝シソンヌさん

【A14】Aマッソさん

【A15】ストレッチーズさん

【A16】2021年（第17回大会）優勝＝錦鯉さん、2022年（第18回大会）優勝＝ウエストランドさん、2023年（第19回大会）優勝＝令和ロマンさん

【A17】センチネルさん、ストレッチーズさん、ママタルトさん、まんじゅう大帝国さん、さすらいラビーさん、ゼンモンキーさん

【A18】にゅ〜くれ〜ぷのでぴさん

【A19】まんじゅう大帝国さん

【A20】ＵＬＴＬＡ ＪＥＴ ＪＡＭ

【A21】THE VERY BEST OF FIVE（通称：ベリベス5）

【A22】ナルチカ

【A23】チャッティー

【A24】TOKYO DOME CITY HALL

【A25】爆笑問題さん

【おわりに】

以前と比べて、芸人さんたちの考え方はかなり変わりました。

ちょっと前までは、テレビ的な番組なら「地上波か大手ネット配信会社のチャンネルじゃなきゃダメでしょ」という雰囲気があり、ラジオ番組でも「やっぱりきちんとした局の制作でないと」と考える人が多かったのですが、今はまったく違います。

コロナ禍の影響が大きかったとは思いますが、さまざまなアプリなどを使って芸人さんたちが自ら立ち上げて発信するネット放送・ネット番組なども、「立派なコンテンツ」「立派な番組」と認識されるようになっています。

しかも、そうした番組では、視聴者・リスナーからのダイレクトな反応があります。ですから、その反応を生かして人気を得た先にキー局の番組があると考えている芸人さんはかなり増えていると思います。視聴者数の増加や、その場での投げ銭などによって、収入がアップする芸人さんもいますから、さらに違う考えを持っている芸人さんも当然いるでしょう。

そう考えると、お笑い界は新しい時代に入りつつあるのかもしれません。

K-PROが皆さんにお届けする〝お笑いの形〟も、コロナ禍を経て大きく進化しました。YouTubeの公式チャンネルを立ち上げたり、劇場でのライブを生配信したり、オンラインサロンを開設して限定ライブを定期的に公開したり……。

そしてK-PROは、**こうした進化を遂げたことによって、従来よりも「お客様との会話」を大幅に増やすことができました。**

例えば、YouTubeでライブを配信しているときには、多くのお客様たちがさまざまなコメントを書き込んでくれて、私をはじめとしたK-PROスタッフからもできる限り返信をするようにしています。

オンラインサロンでも、会員の方々からの質問に答えたり、最新情報を先行公開して喜んでいただいたりしています。

また、希望者にはお笑いライブの作り方をレクチャーしたり、「やってみたいライブの企画案」をいっしょにブラッシュアップして実現したりしたこともありました。

ですから、私としては、**お笑いライブの多角的な楽しみ方を提案できるようになった**と思っています。

もちろん、**劇場でのお笑いライブも、これまで以上に楽しくおもしろいものにしていきます。**

特に、K-PRO設立から20周年を迎えた2024年には、今までにしたことがなく、お客様にきっと喜んでいただけるようなイベントをいくつも予定しています。

この原稿を書いている段階では確定こそしていませんが、

●10周年のときに10個のスペシャルライブを開催したように、20周年の今回は20個のスペシャルライブ
●約1カ月間の「単独ライブフェス月間」を設定して、いろいろな芸人さんたちの単独ライブを連日開催
●今まで行ったことがない地方でのライブ
●今はやらなくなっている「昔のめちゃくちゃおもしろいネタ」や、解散したコンビなどの、一日限定復活ライブ

◉私、児島がセレクトさせていただいた芸人さんたちによるセレクションライブなどを開催したいと考えています。

ほんとうにおもしろいお笑いって、友だち同士などで長く語り合えるものです。子どものころに、大笑いしたテレビ番組の話を、友人たちとずっと話していた経験はありませんか？　ある人も多いですよね。

つまり、お笑いは、「語れるもの」なんです。そして、芸人さんや私からしてみれば、「お客様にもっと語ってほしいもの」なんです。

皆さんには芸人さんたちのお笑いをどんどん観に来ていただいて、**日本中のお笑いファン同士で語り合いましょう。**

そのために私は、今後も皆さんが語れるようなお笑いライブを作り続けていきます！

児島気奈

児島気奈（こじま きな）
1982年生まれ。東京都出身。2004年お笑いライブ制作会社K–PROを立ち上げる。同社代表としてお笑いライブを企画・主催し、所属芸人のマネジメント業務なども行っている。2021年4月には劇場「西新宿ナルゲキ」をオープン、連日ライブを開催し、若手芸人が出られる舞台を運営している。独自の企画力がお笑いファンの支持を集め、今ではK–PRO関連の公演は年間、実に1300以上。まさに質量共に日本のお笑い界を支える存在である。K–PROは、2024年5月に創立20周年を迎える。著書に『笑って稼ぐ仕事術 お笑いライブ制作K–PROの流儀』（文藝春秋）がある。

▶ K–PRO https://kpro-web.com/

■STAFF■
構　　成 ………… 松尾佳昌
デザイン ………… 穴田淳子（ア・モール デザイン室）
カバー写真 ………… 永峰拓也
対談写真 ………… 生井弘美
章扉イラスト ………… ひょろし（K–PRO）

芸人沼から抜けられない。

2024年 3月18日　第1刷発行

著　者　児島気奈

発行者　加藤裕樹

編　集　碇　耕一

発行所　株式会社ポプラ社
〒141-8210　東京都品川区西五反田3-5-8　JR目黒MARCビル12階
一般書ホームページ　www.webasta.jp

印刷・製本　中央精版印刷株式会社

N.D.C.779/253 P/19cm ISBN978-4-591-18132-4

P8008454